高校教育管理及
人才素质教育培养研究

李君　著

吉林人民出版社

图书在版编目(CIP)数据

高校教育管理及人才素质教育培养研究/李君著
. —长春:吉林人民出版社,2023.12

ISBN 978-7-206-20780-8

Ⅰ.①高…Ⅱ.①李…Ⅲ.①高等教育－教育管理－研究－中国②高等学校－人才培养－研究－中国 Ⅳ.①G649.2

中国国家版本馆 CIP 数据核字(2023)第 246025 号

高校教育管理及人才素质教育培养研究
GAOXIAO JIAOYU GUANLI JI RENCAI SUZHI JIAOYU PEIYANG YANJIU

著　　者:李　君
出版发行:吉林人民出版社(长春市人民大街 7548 号　邮政编码:130022)
责任编辑:李桂红
印　　刷:吉林省海德堡印务有限公司
开　　本:787mm×1092mm　　　1/16
印　　张:9.5　　　　　　字　　数:113 千字
标准书号:ISBN 978-7-206-20780-8
版　　次:2024 年 4 月第 1 版　　印　　次:2024 年 4 月第 1 次印刷
定　　价:68.00 元

前　言

　　21世纪的世界将是知识经济时代,我们正处在新的发展机遇和新的挑战并存的时期。这种新挑战就是面对全球化、多方位、高层次的经济、文化、科学技术的激烈竞争,而这种竞争的焦点就是人才资源的竞争。为了迎接新的挑战,抓住难得的机遇,我们必须有充足的高素质人才储备。而人才的成长靠教育,尤其具有较高科学文化技术水平,适应经济全球化所需的新型复合型高素质人才的培养则非高校教育无可胜任,所以高校教育已成为一种战略产业。因此,高校教育如何做好高素质人才的培养工作已经成为我们目前亟待探讨和解决的问题。

　　高校是培养高素质、高技能、高创新型人才的高地,高校教育是国家发展的战略支柱,高校的教育管理对于我国人才的培养有着很重要的作用和意义。想要让国家和社会不断向前推进和发展,就要对人才的选拔更加严格,在这样的情况下,高校的教育管理就变得尤为重要。在人才培养视角的影响下,社会对高校大学生提出了全新的要求,而加强高校大学生素质教育也是至关重要的,这已经成为高校内部师生共同关注的话题之一。高校应集中优势开展教育管理工作,力争能够为国家和社会培养更多高素质人才。通过加强素质教育的融合发展,不仅可以帮助学生强健体魄、增强身体素质,也可以引导学生树立正确的思想价值观念,促进高校学生身心健康发展,满足人才培养需求。

本书在撰写过程中,参考了大量的文献和资料,学习和借鉴了相关专家、学者的研究成果,在此向各位表示最诚挚的感谢!由于笔者水平有限,错误和不妥之处在所难免,衷心希望专家、同行和广大读者给予批评指正!

目 录

第一章 高校教育管理概述

第一节 高校教育管理的内容及本质

一、教学管理的组织系统

教学管理组织系统是教学管理群体为达成共同的目标,利用权责分配、层级统属关系与团队精神构成的可以实现自我发展与调节的社会系统,主要用于解决由谁管理与如何管理的问题。管理是指组织机构安排、隶属关系与权责规划等组织制度的体系化建设,管理体制是指管理系统的结构和组成方式。要想充分发挥教学管理组织功能,就要从根本上优化管理体制,促进组织结构的科学合理建设。管理系统属于结构性关系组织,是组织成员彼此行为关系构成的一个行为系统,更是一个随时代变迁而调整适应的生态化组织,更是成员角色关系网。教学管理组织建设的根本目的是要构建全面科学的教学管理系统,构建质量管理系统与运行机制,更好地为广大师生以及教育教学工作提供助力。教学管理系统关注的是过程管理纵向系列与横向系列整合。纵向系列指高校、二级学院(部)、教学系部和教研室;横向系列有教务部门、科研部门、大学生管理部门、人事部门、政工部门、后勤保障部门等。要促进教学目标的达成,培育出更多优秀人才,必须确保这两个系列进行有效协调。

高校为了确保构建的教学管理组织系统可以顺利高效地开展,灵活创新地运行,一定要打造高素质的教学管理队伍,明确机构设置,确定岗位责任。

二、教学管理的本质

从本质角度上进行分析,教学管理是在高校系统中,以教学子系统为研究的管理对象,组织应用有限资源,科学安排教学过程,优化资源配置,提升教学效益。

三、教学管理的基本任务和职能

从基本任务上看,教学管理需要严格遵照教育教学规律,搞好教学管理系统规划,运用现代科技和现代化管理方法对所有教学活动实施动态和目标性管理。与此同时,强调要发挥管理协调的巨大价值,调动各方参与主动性,确保教学任务在人才培养进程当中能够顺利完成。

教学管理职能主要是"决策、规划、组织、指导、控制、协调、评估、激励、研究、创新",这些职能之间既有交叉,又有着密切的内部关联,共同构成了一个有机整体。

四、教学管理内容体系

想要做好教学管理,提升管理质量,其核心在于管理者应清楚地知道所要管理的内容,重点管理的内容以及如何能够管理好。教学管理本身是一个整体,从多元化角度来说,就教学管理内容体系、业务科学体系而言,可以将其归纳为四项,分别是教学计划、教学运行、教学质量管理与评价、教学基本建设管理。如果将教学管理职能作为划分标准,应该包含控制协调、评估激励、研究创新、决策规划、组织指导等几项内容,从教学管理层次与高度层面上进行分析,涵盖教学改革、教学建设与日常管理这几个部分。

(一)教学计划管理

人才培养方案是高校提升教育教学质量,确保培养规格的关键性文件,是安排教学活动,设置教学任务,维护有序的教学编制的依据。教学计划是在教育部宏观指引下,由高校组织专家自主制定完成的,所以每个高校拥有很高的自主权,教学计划在确定之后必须全面贯彻落实。教学计划管理的核心在于合理设计人才培养蓝图,要求高校投入极大精力,开展基本调查研究,尤其是获知新的教育观点、教学内容、培养模式等内容。需要高校本学科专业的学术教学带头人、骨干教师先进行课程结构体系的研究,只有保证课程结构体系的优化与全面,将人才培养的总体规划进行有效定位,才能够为优秀毕业生的培育奠定坚实的基础。特别要注意,在制订了教学计划后,必须严格贯彻,切忌随意散乱。

(二)教学运行管理

教学管理主要在于利用规范化管理确保教育教学活动顺利有序地运转,提升教学水平。教学运行管理是围绕教学计划落实开展的教学过程与有关辅助工作的组织管理。教学过程既是学生受教师引导的认知过程,又是学生利用接受教学活动的方式,收获综合发展能力的过程。高校教学过程在组织管理方面的特征最为明显,具体分为三点:第一,学生学习自主性与探究性特征明显。第二,坚实基础学科教育根基上的专业教育拓展。第三,教学科研不断整合。以这些特点作为重要根据,教学过程组织管理特别要做好课程大纲的设置,设计好组织管理内容、程序、规范要求等,以便对教学过程进行检验。

(三)教学行政管理

教学行政管理是高校、教学系部等教学管理部门结合教育规律与高校规章行使管理方面的职权,对教学活动与有关辅助工作实施科学化组织、指挥、协调、调度,确保教学稳定持续运转的协调过程。

(四)教学质量管理与评价

教学质量这个概念具有很强的综合性,判断教学质量水平的指标只有是涵盖教学、学习与管理质量的综合性指标,才能够得到客观准确的评估。教学质量是不断累积的产物,是动态与静态管理整合形成的,所以要关注动态与过程管理,实现过程与结果的统一。革新教育思想,提升教学水平是做好教学质量管理的基础前提。要做好质量监控,设计全程质量管理,构建与校情相适应的质量监控体系与运行机制,首先必须对质量监控概念、要素、组织体系等进行梳理,认真研究质量监控与保障的全部有关问题。高校要积极构建围绕核心,科学化与可操作性强的质量管理模式。

第二节 高校教育管理的原则及指导思想

一、高校学生管理的理论根据

管理科学化在提升管理效率与教育质量方面意义重大。管理科学化的实现依赖于与客观实际相符的人性化与规范化的管理制度,而以上所有均离不开科学化的管理思想。科学化的管理思想总共有三个层次,分别是认知理论的管理思想、管理遵照的基本原则与实践中运用的方法。

管理思想是关于管理的观点、理论或观念,是管理理论与实践整合于人头脑的一种反应,它能够对管理实践产生重要的指导作用,思想是行动的先导,还会伴随社会和管理实践的产生、发展与变化而发生改变。19世纪后期,受机器大生产的影响,欧洲产生了过程管理、古典科学管理思想等。20 世纪的 60 年代之后,大量管理学派产生了,促进了管理思想的繁荣。

高校学生管理是教育管理的重要组成部分,管理思想应该和教育管理思想一致,均为复杂综合的重要理论课题,也应确定理论前提,与一定的思想理论进行紧密关联,以便确定基本方向。站在哲学的角度进行分析,高校学生管理思想主要包括以下内容。

（一）运用相互联系的管理思想

高校学生管理属于社会现象,具有很强的综合性与复杂性。假如站在宏观角度上研究的话,高校和社会、家庭乃至整个时代都是存在密切关联的,广大高校学生也不是孤立和隔绝于世的,因此高校学生管理会涉及社会、家庭,影响时代的同时也受时代影响或制约。

站在微观角度上进行分析,高校学生管理的各个要素之间,存在着彼此联系与制约的关系,比如管理和教育、管理和服务之间的关系等都互相影响与制约。

（二）运用动态平衡的管理思想

管理是一个系统性过程,该过程处在持续不断地发展变化过程中,不单单会受政治、经济、文化等诸多要素的影响,还受高校本身诸多因素的影响。所有事物都处在不断变化的过程中,管理工作也是如此,在发展过程中不断完善与进步。另外,被管理者以及被管理者的思想行为、人格等也会在学生管理过程当中发展完善。因而将动态平衡管理理念应用到管理实践当中,就要用哲学当中发展的观点,做到与时俱进、立足现实、着眼未来,探究新情况,解决新问题。

（三）运用对立统一的管理思想

高校学生管理实践活动中包含着多元化的矛盾关系,因而要借助对立统一的管理思想处理问题与矛盾。例如,管理者和管理对象间存在着矛盾,就要用对立统一的思想指导管理实践。

（四）运用实践探索的管理思想

实践是检验真理的唯一标准,而实践又是获取正确认识的主要来源。高校学生管理具有极强的实践性,同时对操作性能提出了极高的要求,所以在推进高校学生管理时,必须树立实践意识,培养探究创造的勇气,在实践当中把经验抽象为理论,以便更好地指导学生管理实践,不断反复以至无穷,促进学生管理全面进步。

二、高校学生管理的原则和基本方法

原则是客观规律的反映,是观察与处理问题的根本准绳。中国特色社会主义高校管理的重要原则是大学生管理内在规律的体现。在整个大学生管理体系当中,管理原则地位十分关键,有承上启下的作用,为管理目标和实现这一目标的手段搭建了桥梁,是运用有效方法推进管理实践的根本要求。管理原则与管理目标、过程、方法、制度、管理者等要素之间存在紧密关联,同时管理原则与管理目标处在指导地位。

(一)高校学生管理工作的基本原则

1.高校学生管理工作的方向性原则

管理是有目的的一种实践活动,实际管理工作一定要具备方向性。把社会主义方向作为根本准绳是我国高校学生管理的本质特征。我国是社会主义国家,所以要将高校变成社会主义性质的育人平台,社会性质形成了对高校性质的制约,决定了高校所有管理活动的性质,所以高校学生管理工作要坚持党的全面领导,坚持和发展中国特色社会主义,为社会主义现代化建设培养造就大批合格人才,这是高校学生管理工作最根本和最重要的原则。

2.理论与实践相结合的原则

理论与实践相结合的原则说明坚持实践是检验真理的唯一标准,是马克思主义基本原理的体现,更是高校学生管理工作基本准则所在。有效领悟与把握马克思主义理论的科学性与有关管理原理,掌握其精神实质是做好高校学生管理工作的基础与前提条件,管理原理的应用范围与实际价值受诸多因素制约。中国共产党在社会主义现代化建设的过程中,拥有基本的教育方针政策,在不同时期会结合差异化的特征,提出具体的方针政策与实际要求,且这些方针政策与实际要求应该在高校学生管理工作的措施方法中得到有效体现,但是高校学生管理工作的科学化还要坚持从实际出发,考虑大学生的实际特征,制定出针对性强的方法策略。

(二)高校学生管理的方法

高校学生管理的方法是以管理原则为有效依据,为保证大学生培养目标的实现,在具体管理环节运用的所有方法、步骤、途径、手段等,通常情况下有以下几种。

1.调查研究

只有经常性地调查掌握和了解大学生的实际情况,才能有效选取出针对性强的处理方法。在调查研究过程当中,一定要针对调查对象、目的、方法等内容,做好科学规划。调查过程当中必须做到实事求是,注重综合性地研究分析调查材料与调查事务。

2.建立规章制度

在高校学生管理发展的建设当中,应该逐步建立科学化的管理制度体系,这是确保大学生管理工作有据可循的基础。制度的建设一定要与高校学生身心特征相符,同时要与整个的教育规律与大学生管理目标相适应。与此同时,制度要伴随教育改革应持续努力、不断完善,与此同时要维持相对的稳定性。

3.实施行政权限

结合大学生管理目标、内容等制定规章制度与相关的行为规范,利用行政方法实施有效管理,通过有关管理部门与师生、员工共同监督检查的方式,促使大学生集体或个人与管理目标相符,行政方法通常有惩治和褒扬这两种。在具体的管理过程当中,针对能够认真遵守相关管理制度,思想行为与制定规范相符的个人与集体应该大力褒扬赞赏;对于违规违纪,思想行为不符合管理要求的个人与集体要给出限制措施,同时要启用严格的惩治制度。

4.适当运用经济手段

经济手段实际上是补充行政方法的一个策略。在具体的大学生管理环节,给予必要的物质奖励或者是物质上的惩罚指的就是经济手段。经济手段会直接触及大学生的物质利益,能够发挥极大的作用,而这个作用是行政方法无法代替的,因此在选用经济手段实施大学生管理工作时,应不仅关注经济手段的奖惩,更重视日常教育指导与行政管理。

第三节　高校教育管理的重点与意义

一、高校教育管理的重点

(一)教学管理的特点

教学管理在高校管理实践当中占据着不可替代的地位,同时管理活动带有明显的特殊性,这也决定了教学管理有以下几个明显特点。

1.教学管理的能动性

能动性是教学管理的一个显著特点,指的是人的主观能动性。教学管理的主要对象是师生,是否可以有效调动师生的积极性是衡量教学管理质量的关键标准。在整个教学管理体系当中,师生拥有双重身份。教师在对大学生进行教学指导时扮演的是管理者角色,而教师作为高校教育教学执行者时属于管理对象。大学生是高校与教师的管理对象,同时又是自身学习的自我管理者,不管师生扮演着怎样的角色,承担着何种身份,其都有主观能动性。

2.教学管理的动态性

动态性指的是教学管理各环节均处在动态发展的进程当中,比如人才培养方案要紧随社会经济的变迁而不断地更新完善,教学质量评价系统要跟随建设内容的改变而更新。正是在持续不断地总结提升和动态化地协调处理当中,才让教学管理水平与质量呈螺旋上升状态。

3.教学管理的协同性

教学管理担当的重要任务是协调大学生个体与高校、教师的集体活动,有效发挥师生个性,推动个人与集体的协同进步。

4.教学管理的教育性

教学管理者利用科学性制定管理制度,优化管理过程,设置奖惩制度等方式,指导大学生进行自我教育与管理,推动大学生自我服务,最终实现育人目标。

5.教学管理的服务性

高校中心工作在于育人,教学管理要紧紧围绕教与学,并为其提供良好的服务。树立正确服务意识是对教学管理者提出的根本要求。

(二)教学管理队伍的结构

教学管理人员的结构主要包括学历结构、职称结构、年龄结构、高校结构和性别结构等指标。科级以上管理人员岗位应具备硕士及以上学历,博士学历占一定比例;处级岗位、教学副院长(副主任)和重要科级岗位应具备副教授及以上职称,教授占较大比例;老、中、青各层次人员合理分布,教学管理队伍既要有教学管理经验丰富的中老年专家,又要有充满活力、信息技术强的青年骨干;结构上,外校人员应该占多数比例,这有利于发挥不同的管理思想;承担重要工作岗位的教学管理人员应有基层教学管理工作的经历;等等。

(三)教学管理的重点

1.注重提高教学管理人员的职业道德和业务能力

高校应切实意识到教学管理者在高校长远发展建设当中所扮演的角色和发挥的作用的不可替代性,有效培育其思想政治素质,使其树立事业心与责任心,始终秉持奉献精神。

教育管理者所处的位置非常关键,发挥着承上启下的作用,担当着上传下达的责任,不仅要贯彻落实上级部门给出的工作安排与文件精神,还必须协调组织教学管理活动,同时还要面对教师,处在和大学生沟通互动的前沿,这样的工作定位与职责呼吁教学管理者要具备职业道德与高度的责任意识。教学工作涉及范围广,内容多而复杂,很多事都要关注细节,有些事情看似很小,但实际上却关系深远,因此教学管理者必须具备精诚合作的精神。高校教学管理的一个重要特征是层次化管理,既有独立又有彼此的团结配合。只有具备团队协作精神,懂得如何合作和协调,才能够全方位处理好实际工作,做好分工,有条不紊地解决好诸多问题。因此,教学管理者业务水平与能力素质是独立开展教学管理工作,有效突破实际难题,完成各项管理任务的根本,这就要求教学管理者有极强的业务素质能力。高校要关注教学管理者业务素质水平的提升,使其能够熟练把握以及运用高等教育的专业化知识,掌握教学管理的基本理论与专业知识,有效评估教育教学的发展态势,协调不同部门与不同因素之间的关系,推动信息的顺畅流动,革新管理策略,全面提升管理水平,从实际出发开展教育科学研究和实验活动,有效推动教育管理现代化与科学化。

2.正确处理教学管理与教学质量的关系

教学管理是高校针对教学工作的不同环节开展的管理活动,结合既定管理目标与原则对教育教学工作实施有效调控。教学管理各环节均与教学质量存在着密不可分的关联,要特别注意结合反馈信息以及评估获得的结果进行教学计划的革新调控;每一项具体工作又包括很多不同的方面,教学管理一定要紧紧围绕全面提升教学质量这个中心工作实施。高校应该全面革新与健全教学管理体制,积极建立有助于新型人才培养的教学管理制度。

3.正确处理教学管理人员与教师教学任务的关系

教学管理者与教师共同担当着教育使命,前者以整合利用教育资源为主,教师以传播知识和启迪思想为主,管理育人与教书育人相辅相成,二者存在互相影响与作用的关联,属于相同目的之下的不同层面,主要体现在以下几个方面。

第一,教学管理者是衔接教师和大学生的纽带,负责协调处理二者之间的矛盾问题,有效营造优质的教学环境,确保教学和学习活动的有序开展。

第二,教学管理者利用整理分析教师教学质量信息,反馈教学和学习的实际情况,合理给予科学化评定,检查考核教师教育教学当中体现出来的学术与教学水平,评估其敬业精神,归纳评估教师是否认真完成了教育任务。教学管理者给出的指标和规划可以促使教师结合社会发展与市场需要提升教学水平,培养高质量人才。

第三,教学管理者与教师共同参与高校各项事业的建设,如课程建设和教材建设等,利用对教学的调查研究与分析工作,提出改革和优化教学的方案计划。

第四,高校管理者给教师提供教育教学方面的帮助,营造优越的教学环境,促使教师可以集中精力投入教学活动当中。

4.注重教学管理与教学研究的关系

教学管理是一项系统性工程,需要长时间的建设与积累。高效完成日常教学管理工作,维护教学秩序只是完成了第一层次工作,仅仅标志着拥有了良好的工作基础与教学环境。要想真正提升人才培养质量与教学管理质量,还必须积极促进教育教学研究工作的开展。关注教育教学研究的高校,其拥有指导思想明确的教学任务,恰当的目标选择,能够审时度势,从国情、校情出发,确立新思想、新思路、新措施、新制度,使教学工作和管理工作处于高质量状态。

二、高校教育管理的意义

教学管理是高校教育工作的重要组成部分,对培养高质量的人才起着重要的作用。当前加强教学工作的主要任务和基本举措是加大教学投入,强化教学管理,深化教学改革。这既需要各高校结合自身实际,健全和完善各项教学工作的规章制度,还需要采取措施确保各项规章制度的严格执行。高校实施先进有效的教学管理离不开高素质的教学管理人员,只有具备一支业务能力强、创新意识强、实干精神强的教学管理队伍,高校的教学管理水平才能不断提高。

(一)教学管理人员具备的素质能力

现代教育要求高校教学管理工作必须适应时代的发展,这就对工作在一线的教学管理工作者提出了更高要求,要求他们具备多方面的综合能力和素质,具体表现在以下几个方面。

1.具备高尚的道德素质

良好的道德素质是搞好教学管理工作的基本条件。高校教学管理人员的道德素质直接关系着高校教书育人的成效。"学为人师,行为世范",教学管理人员应以自身的思想、学识和言行以及道德人格力量直接影响大学生,做到管理育人。

2.具备强烈的责任心

教学管理工作既有较强的连续性,又会遇到新情况、新问题,工作头绪多,任务重。强烈的责任心能产生工作主动性,是教学管理人员必备的品德。如每学期的期末考试,从安排、组织考试,到上报各种考试报表,再到整理归档各科试卷、成绩单,每个环节都必须认真负责,才能较好地完成工作。

3.具备扎实的业务知识素质

第一,要掌握系统的管理学知识。随着教学体制改革的深入,教学管理人员应掌握系统的管理学知识,按照管理规律办事,采用科学的管理方法,合理地分配人力、物力、财力,提高教学管理工作的效率。第二,要掌握相关学科知识,这是搞好教学管理工作的基础。院级教学管理人员应了解各专业的培养目标、课程体系及各教学环节的有关内容。第三,随着科学技术的飞速发展,办公自动化的程度越来越高,教学管理人员应学习和掌握相关的信息手段与技术,如掌握学籍管理系统、教材管理系统、教务管理系统、教学评估系统、毕业证书管理系统的应用及有关日常文书处理软件的使用等,促进教学管理方法的创新,保证教学管理工作的规范化、科学化和现代化。

4.具备较强的工作能力素质

能力是使教学管理活动顺利完成并获得预期效果的基础和保障,因此能力培养和提高尤为重要。一名优秀的教学管理人员应具备一定的组织管理能力,较强的协调应变能力,利用现代化设备获取信息、处理信息的能力,较强的调查研究能力及团队协作能力等。这些能力是教学管理人员准确评估教学的发展趋势,协调各教学单位间的相互关系,促进教学信息良性流动所应该具备的基本素质能力。

(二)教学管理的重要性

从世界高等教育的发展趋势看,深化教学管理是当今世界高等教育发展趋势的客观要求。提高人才培养质量是世界各国面临的共同课题,所有高校都在思考"21世纪的高等教育应该如何发展"。严格规范教学管理,特别是加强教学质量的控制是提高高等教育质量的重要保证,向管理要质量是教学改革的重要任务之一。

从高校教学和管理队伍的历史、发展和形成来看,目前绝大多数从事教学管理工作的人员在校学习期间没有进行系统的教育学、心理学、教育管理学等方面专业技术知识的学习,大部分人员是通过在实际工作中的不断探索而积累经验的,因而无法从理论上、教学规律上更好地把握教育工作和教学改革的建设工作。

从高等教育科学的发展来看,高校应把高等教育教学管理作为一门科学来对待,高校的教育教学管理应形成必要的校内外教育研究信息沟通机制。高校应加强教育教学研究的氛围,进行有组织、有计划、有目的的教育教学及管理研究,对学习、借鉴、继承、发展等进行系统地思考和具体安排。

(三)管理队伍建设的意义

建设一支综合素质过硬的教学管理团队是有效提升高校核心竞争力的重要举措。随着社会的发展,高校间的竞争越来越激烈。如何招到更多的优秀大学生,如何培养出更多高素质的大学生,如何使大学生在就业市场占据有利的地位已成为各高校普遍关注的重要问题。而从新生入学、过程培养,到毕业生离校的整个学习过程,任何一个环节都离不开教学管理的保障。教学管理队伍实力强,则贯穿教学过程中的理念就先进,制度就健全,教与学的环境就更严谨、公正,大学生掌握的知识和技能就更全面,因此加强管理队伍建设将使教学质量得到提高和保障。

实际工作中,教学管理队伍也确实为提升教学工作水平发挥了关键性的作用。无论是办学指导思想、师资队伍建设、教学条件和利用、专业建设与教学改革,还是教学管理、学风与教学效果,所有这些能够决定教学水平的项目,都与教学管理人员的工作息息相关。只有加强教学管理队伍建设,并将高素质的教师队伍与高质量的教学组织管理有机地结合起来,才能创造出良好的教育教学质量,不断地提升教学工作的水平。

加强教学管理队伍建设是提高人才培养质量的重要手段,人才培养是高校的根本任务,质量是高校的生命线。为了全面提高人才培养质量,必须强化教学管理,深化教学改革,积极推进教育创新,尤其要推进人才培养模式、课程体系、教学内容和教学方法的改革,促进传授知识、培养能力、提高素质的协调发展。教学管理人员是深化改革、推进创新的主要策划者、实施者和监督者,教学管理队伍的水平直接决定了高校教学改革的广度、深度和力度。所以,提高人才培养质量必须加强教学管理队伍的建设。

第二章　高校教师与学生管理

第一节　高校教师管理概述

高校要深入学习习近平总书记重要讲话精神,把握高等教育高质量发展要求,科学把脉、精准施策、进一步培养一流人才、争创世界一流的能力和水平,为全面建设社会主义现代化国家提供有力支撑。因此,加强高校教师管理的理论研究和实践探索是非常重要和必要的,只有不断拓宽思路,寻找新的对策,才能切实提高教师队伍的整体素质,实现高校自身的健康发展,为国家输送更多的人才。中国高校的发展经历了从无到有、从小到大的过程,中国高校教育也从恢复高考后的精英教育转变到目前的大众教育。国运兴衰,系于教育;百年大计,教育为本,教育是人才培养之基和立国之本,而教育大计,教师为本。高素质的教师队伍,是高质量教育的基本条件。培养高素质人才,教师是关键。没有高水平的教师队伍,就没有高质量的教育。

建设一流的高校必须有一流的教师队伍,教学质量的提高核心在于教师,这已经成为人们的共识。为了加强教师队伍建设,高校的教师管理制度进行了持续的变革,从职称制度改革到目前推行的以聘代评,从传统的高校教师管理模式到现在推行的教师聘任制改革,等等。教师管理制度改革在一定程度上起到了积极促进作用。

改革开放以来,党和国家对高等教育的投入不断加大,并出台了一系列政策促进高等教育发展,高校教师管理的研究越来越受到重视,有关的研究文献数量也大大增加。21世纪是中国教育改革和发展的战略机遇，人类真正进入了信息技术和知识经济的时代，高等教育事业取得了长足的发展，教师队伍面貌也发生了巨大的变化，其素质、结构、质量和效益都有了明显的改观。

第二节　高校教师管理模式的改进

教师管理制度改革事关高等教育的全局，涉及教育行政部门与政府间的关系，涉及社会保障体系的完善，更涉及高校的发展和教师个人的切身利益，同时，高校教师群体又具有明显区别于一般人力资源群体的特殊性，这要求我们在制度设计方面不能将企业的管理模式简单套用，而要根据教师群体的特点有针对性地进行设计。在改革中，我们应该以治理为模式，形成视教师为资源的人力资源管理理念，从政校关系、决策制度、聘任制度、考核制度和分配制度等方面重新设计教师资源管理体系，加强对教师队伍的培养和激励，促进对教师资源的有效利用，同时还要充分认识到校园文化在教师管理中的积极作用，建设具有独特风格的、和谐的校园文化。

一、重建政府与高校的关系

政校分离并不是说教育行政部门对高校的发展不管不问，而是要明确行政部门的权力和职责。政府应从举办者、办学者、管理者三位一体的全能型身份中走出来，重点行使其督导职能和保障职能。政校分离，首要的一点是要将高校与行政级别相脱离，校领导的任命应给予高校更大的自主权，由高校学术委员会选举产生，真正做到学术治校、学者治校，淡化高校领导身上的政治色彩，营造高校浓郁的学术氛围而非政治氛围。政校分离后，政府以及教育行政部门应重点做好高校的财政保障工作，应建立和完善财政制度,改革教育财政管理手段,从制度上保证高等教育发展所需要的稳定的资金支持,注重对资金分配和运用的科学管理,提高资金使用效率,同时,政府要充当中介和桥梁,扶持教育中介组织的建立和发展,推进各种捐款和捐赠制度的建立,加强企业和高校间的联系,广泛吸纳社会各界对高等教育的资金支持。

大力推进事业单位人事制度改革,要求必须建立有效的社会保障制度。没有科学、有效的社会保障制度,高校在发展过程中就不可能放开手脚,人员的合理流动就是一句空话。只有建立有效的社会保障制度,才能彻底解决高校人事制度改革中遇到的人事关系问题,才能使教师从"高校人"真正变为"社会人"。

二、高校管理者要树立"以人为本"的管理理念

"以人为本"不能是一句口号,要真正落到实处。高等教育教学是根本,教学中教师是核心。在高校的教师管理中,要牢固树立以人为中心的现代管理新理念,追求教师资源管理的人本性,提升教师的归属感,同时将教师资源开发提升到首要位置,使高校的人事工作着眼于人力资源的开发,致力于人才的合理、充分利用;要加强管理者现代管理理论的培训和提高,积极吸收管理学领域最新的科学研究成果,并将其运用到高校师资资源管理的实际中,做到人力资源管理方法的科学化、规范化、民主化以及管理体制的合法化和规范化;要营造尊师重教的良好氛围,始终坚持尊重教师的意愿,了解教师的需求,最大限度地激发教师的积极性和创造性,使教师的潜能得到最大限度发挥,实现高校教师管理过程中理性管理和人性化管理的有机结合;要将管理职能转化为服务职能,为教师提供良好的发展空间,为教师消除后顾之忧,营造科学的发展平台,提升教师对高校的满意度,实现教师的满意与高校的可持续健康发展的最佳结合。

人本管理最重要的一点就是要宽容,其有两方面的含义:一是对待教师要宽容,要细心发掘教师的优点,同时还要尊重教师个人的尊严、自我

价值和个人的需要,要宽容对待教师在性格方面的特性,要经常了解教师对高校工作的意见,让教师参与高校重大制度与改革措施的制定中;二是对待教师的学术观点要宽容,高校特别是各学科的学术带头人要能够容忍甚至提倡多种学术观点的并存,对个别教师提出的特异性观点不能直接予以否认,要营造高校"百花齐放、百家争鸣"的宽松的学术氛围。当然,宽容不是放纵,高校教师资源管理需要有效的规章制度来规范教师行为。在负强化的基础上,更应该利用正强化效应,帮助教师尤其是青年教师制定自身的发展目标,并在教师目标的实现过程中实施有效的激励,使教师实现自我再造,充分发掘自身潜能,为教师向更高层次发展和更高价值的自我实现提供可能。

教师资源的管理应尽可能地由学院进行,高校层面应主要负责宏观的督导与引导,其原因主要有以下三个方面。

第一,教师的管理权过分集中到高校手中,在很大程度上会造成教师和高校的对立,使教师对高校的管理措施产生抵触思想。高校科层制的组织结构容易使高校的管理措施在实施过程中效率较低,是造成高校行政失灵的主要因素。按照治理理论的观点,对人力资源的管理应调动全方位的力量,特别要发挥学院在教师资源管理中的作用。

第二,学院是高校学科建设和发展的主要承担者,更了解学科建设中对教师资源的需求,而根据发展目标进行有针对性地管理是现代人力资源管理理论的应有之义。

第三,学院更了解教师在个人发展中的需求,在管理中更能体现对教师的人文关怀。

三、高校要实行真正的教师聘用制

(一)科学设置岗位,下放岗位聘任权限

这包括两层含义:一是要根据高校的岗位总数以及各教学单位承担的教学任务情况,科学测定各单位编制;二是将岗位分成关键岗位和一般

岗位,关键岗位由高校聘任,一般岗位则根据各单位编制情况,综合考虑学科发展等因素,合理地分配到各个单位,由各单位自行聘任。

(二)合理设置任期

任期设置的合理与否,将直接决定聘任制推行的成败,任期过长,则起不到聘任制应有的激励作用;任期过短,一方面会增加教师担心失业的心理负担;另一方面会使功利性的研究活动增加,违背科学发展规律,不利于教师从事科研活动的独立性和从事长期的基础性研究。同时,具备条件的高校应实行低职称教师在一定年度内的非升即走制度,在聘任到期后,如果未通过专门委员会对其进行的教学效果、科研能力以及学术水平的考核,就必须离开高校,这将极大地促进年轻教师勤奋上进,不断提高专业水平和敬业精神,还将对人才的流动和学术的交流起到积极促进作用。与此同时,还可以在特定的群体内尝试终身教授制,对那些对高校发展做出突出贡献,在高校的学科建设和教师梯队建设中举足轻重的、在国内外有着极高影响力的知名学者授予教授终身制,使他们能够安心从事研究工作,特别是一些科研周期长、工作量大的基础性研究工作,将有利于对学科内的教师梯队建设起到传、帮、带的作用。需要指出的是,教授终身制在实行过程中人数不能过多,必须坚持宁缺毋滥的原则,其最终授予权应掌握在代表高校最高学术水平的校学术委员会手中,以防止权力滥用。

(三)完善聘任程序

要制定规范的聘任办法,并且在办法的制定中广泛征求教师意见,让教师积极参与聘任制度的制定中。在聘任程序上应公开、公正、公平,坚决杜绝人为操作。对于高校关键岗位的聘任,应面向全社会公开,必要时要聘请国内其他高校的同行专家对申请人进行鉴定,考核过程和结果也都要进行公示。同时还要建立教师申诉制度,如果教师对聘任结果有异议,可以到指定的申诉部门申诉,申诉部门必须受理教师的异议投诉,并在规定的时间内予以答复。

(四)要与政府职能部门一起做好未聘教师的生活保障工作

特别是在推行聘用制改革的初期,除了政府职能部门要做好未聘教师的社会保障外,高校也应在能力范围内,为教师再就业创造条件,保证教师队伍的稳定。在聘任制的推行过程中,教师身份的转变是重点也是难点,只有改变教师对高校的人身依附,完成从"高校人"到"社会人"的转变,建立高校与教师间真正的契约关系,聘任制才有可能真正实行。

四、完善教师绩效考核评价体系,建立科学的教师工作量核算模型

(一)完善教师绩效考核评价体系

1.对教师进行绩效考核的原则

要从教学和科研两方面综合平衡考核,不能厚此薄彼。在高校的日常管理中,很容易出现重科研、轻教学的现象,这一现象又容易导致一线教师教学兴趣的丧失,从而把主要精力放到科研上,无心进行教学以及教学法的研究,致使教学质量下降。由于对科研考核的重视,反而使科研成果日益大众化,学术价值大打折扣,同时由于教师争相进行科学研究,导致科研经费的收益下降,进行高校教师管理模式研究的规模变小。

2.考核过程要公开、公正、公平

公开原则是指对教师的考核过程、考核标准以及考核结果要公开,不能搞暗箱操作,不能人为干预;公正原则是要求考核者在考核过程中要实事求是,考核者应在教师中有威信,有较高的学术地位,教学效果的公认程度高;公平原则是指应综合考核教师,不能因某一点原因就全盘否定教师的所有努力,还要给教师申诉的权利和机会。

3.要做好考核结果的反馈和利用

考核结果要及时反馈给教师,没有反馈的考核是没有任何意义的,同时,

对考核结果应有所说明,否则考核就只是一句空话,没有任何实际意义。

4.考核应采用量化指标,又不能绝对量化

量化的指标可以更明确地评价教师的教学和科研工作,它不像描述性评价一样容易掺杂个人主观因素,量化的考核也可以通过调整权重等方法使评价更加科学。但在设计量化指标的时候,要充分考虑质的方面的因素,不能单单考虑授课学时、发表论文数量等,否则容易使教师产生对量的追求,而忽视对质的追求。

(二)工作量定额

一般来说,高校教师工作量包括教学工作量和科研工作量两部分。高校对科研成果的认定以科研与教学之间不可换算而形式各异。按照教育部规定,教师科研工作量、指导学生以及论文等工作量的总和应占教师总工作量的三分之一,占教学工作量的二分之一。

(三)工作量核算

在工作量的核算上,大体可以分为两种方法:一是教学与科研单独核算;二是将教学工作量和科研工作量分别量化,赋予一定分值后加总,然后根据总分对教师的工作总量进行排序。这两种统计方法都有各自的缺点:第一种不易于管理者掌握教师的工作总量;第二种方法中,教学与科研是两个不同性质的量,直接相加不能准确反映教师的实际贡献,与实际也有较大误差,而且适用范围十分有限,只能在同一类课程或专业内进行比较、排序。因此,大多数高校倾向教学工作量与科研工作量分别核算,笔者也赞同这种计算方法。

1.教学工作量的核算

教学工作量不应仅仅是教学授课工作量与班级系数简单的加乘计算,还应考虑到质的因素。同样讲授一门课程,有的教师讲课认真、备课充分,教学方法深受学生们欢迎,教学效果好,而有的教师则可能要差许多,如果按同样系数计算工作量,则教学好的教师就会心理失衡,应该将

教师的教学效果计算到教师的工作量中。

2.科研工作量的核算

科研对于教师来说,能够使自己与自己学科领域的新进展保持一致,从而进行高质量的教学,学术研究的过程和结果往往能改变教学的内容和方法,因此,高校教师必须从事一定的科学研究。但就工作量的核算来说,由于科研成果的学术性价值难以评估,从而给核算工作带来了很大的困难。在核算科研工作量时,只能根据教师科研成果的类型以及级别进行核算。科研工作量主要包括发表论文、承担课题、出版学术专著。很多高校将教材视为科研成果的一部分,而在实际工作中,绝大部分的教材反映不出作者的学术思想和学术水平,它更侧重衡量教师对专业知识的掌握程度,缺乏对专业领域新现象和新问题的探究,其学术价值不大,更应成为教师教学活动的一部分,建议在教学工作量中予以核算。在科研工作量的核算上,我们要给予那些从事周期长的基础性研究的教师一些特殊政策,而如果经学术委员会认定,某教师的科研活动有较高的学术价值,可以在成果出来之前,按阶段认定该教师的科研工作量,并在研究成果出来后,根据实际情况核算其科研工作量。

(四)加强师资队伍建设,实施有效的激励机制

根据高校以及学科的发展需要,有针对性地对教师进行培养,同时建立有效的激励机制,调动教师在工作中的主动性与创造性,这是对高校教师按照现代人力资源管理模式进行管理的重要特征。

1.师资队伍建设的基本措施

在师资队伍建设中,应在建设规划、人才引进和教师培养等方面制定行之有效的措施,特别要注意以下几点。

第一,教师队伍建设要着眼全局,要有前瞻性。教师队伍的培养首先应有全校性的指导性培养方案。全校的培养方案应是高校管理者根据高校师资队伍的现状,包括教师队伍的年龄结构、学历结构、学员结构以及

学科间的数量结构,制定出本校的教师队伍建设规划。各学院应根据本部门的师资队伍状况、教师个人的发展潜力和发展需求情况,以及学科的发展需求制定详细的师资队伍培养规划。学院的培养规划要从学科建设的需要出发,要有前瞻性,同时还要充分考虑到教师的个人发展的需要。对教师的培养既要加强对精英人才的培养,培养出学科的学术带头人;也要加强对中坚力量的培养,这是高校教学的主干力量;更要加强对青年教师的培养,建立起一支老中青结合、结构合理的教师梯队。

第二,要做好人才引进工作。在高校的师资队伍建设中,人才引进对充实教师队伍,完善知识结构,活跃科研氛围起着重要作用,而且,人才引进政策起效快,对学科建设的作用明显,往往成为管理者首选的建设措施。但我们应注意到,人才引进政策虽然容易出成绩,但副作用同样明显。由于给予引进的人才极高的待遇,使高校的优秀人才产生心理落差,挫伤了他们的工作积极性,最终造成人才流失;各高校纷纷用高薪吸引人才,虽然在客观上促进了人员流动,但增加了高校的办学成本;容易引进的人才稳定性差,特别是频繁在高校间流动的人才,往往不能对高校的学科建设起到应有作用。鉴于此,在制定引进人才政策的时候,要根据公平理论,对给予引进人才的待遇进行恰当设计。引进的人才必须对学科建设起到积极而有效的推动作用,要人有所值,而且要给予本校内同等层次人才相同的待遇,以免打击其积极性,造成优秀人才外流。

2. 建立科学的激励机制

根据斯金纳的强化理论,人的行为是否重复发生,与该行为发生后给予的强化有关。如果行为发生后产生了令人满意的效果,则这一行为最有可能重复发生;反之,行为发生后产生了令人不满的结果,那么这一行为将不太可能重复发生。同时,他不赞成使用负强化,认为会产生不愉快的影响,而且当行为不被强化时,便倾向逐渐消失。根据赫茨伯格的"双因素"理论,保健因素不加以改善,员工一定会产生不满,但改善后也仅仅是消除了不满,无法使员工产生满意感;而激励因素不加以改善不会使员工产生不满,但改善后一定会使员工产生满意感。人力资源管理学提出,从"以物为本"向"以人为本"的价值观转向,使有效激励成为管理工作的核心。高校教师作为一个特殊群体,是高校办学的主体,是实现办学目标的主导力量,这就向高校管理者提出了更高的要求。如何充分调动高校现有教师的内在动力因素,把教师为实现目标的主导力量落实在工作的各个环节上,提高教师的教学水平、科研水平、创新能力以及为人师表的自觉性,是高校教师管理中的主要内容。科学的激励机制应根据受众的不同特点采取不同的措施。根据高校教师群体的特征,高校教师的激励措施应遵循以下原则。

第一,激励措施应将物质鼓励和精神鼓励结合起来。高校教师群体在个人的需求上对高层次的需求明显高于其他人群,注重精神激励会起到良好的效果。

第二,激励过程要注重公平性原则。根据公平理论,不公平会使人的心理产生紧张和不安,对人的行为动机有很大影响。当个人认为自己受到了不公平的对待,就会产生不满和消极行为。每个人都是用主观的思维来判断自己是否受到了公平的对待,在某种程度上,对奖励的相对值比绝对值更加重视。

第三,激励要注重时效性。奖励的时效对奖励的激励效果有很大的影响,它包括两方面的含义:一是奖励时机的选择,应在令人满意的行为发生后立即予以奖励,亦即正强化,这样强化的效果才最好。二是奖励频率的选择,奖励不能太频繁,太频繁则使其容易形成习惯,起不到激励的作用;而频率太低则会降低教师的期望值,打消教师的积极性。一般来说,长期性的、较难完成的任务以及在工作满意度高的工作岗位,激励频率应小一些,但要让他们感到劳有所值;而经常性的、容易完成的工作和在工作比较艰苦的工作岗位,应经常进行激励。

第四,激励要适度。"中庸之道"是中国几千年文化的积淀,中庸要求我们做事时把握好度,而不是简单地折中。激励的大小要与高校的承受能力、劳动的价值相适应才能服众,才能起到良好的激励效果。激励太多,容易产生不劳而获的心理预期,产生不了工作的动力;激励太少,劳而无获,同样也产生不了积极性。

3.有效的激励模式

第一,在薪酬制度设计上,要突出工作量对薪金总额的影响。过于平均的薪酬制度设计容易使教师在达到一定目标后产生惰性;如果在现有职级的基础上进行分化,同时拉开各级别间的薪金额度,可以使教师即使达到了某一级别仍有向上努力的空间。特别是教授岗位,因往上职称已经到顶,可以在那些距离带头人层次尚远的教师群体中设置教授的级别,只要达到了一定的教学工作量、教学效果以及科研工作量等,就可以拿到比未达到的教师高得多的薪金,这样设置的标准就成为一种导向。

第二,树立目标,激发教师的心理预期。这也是我们经常说的目标激励法。有关目标设定的研究表明,设定恰当的和富有挑战性的目标能够产生强烈的激励作用。目标太低,激发不了积极性;目标太高,由于实现无望也同样产生不了积极性。目标的设定应遵循的原则为:一是目标要有挑战性,要具有一定的难度;二是目标要有可实现性,设定的目标是教师经过自身的努力可以达到的;三是目标要具有量化指标,设定的目标不能是一个模糊的概念,要有数量和质量的指标进行表示,以便考核;四是目标应由教师参与制定,至少绝大多数教师都广泛参与其中;五是目标的制定要与高校的发展目标一致。高校要加强学科建设,提高教学质量,提升科研水平,改善教师结构,那么在教师的考核、酬金发放、职称评聘以及对教师的培养等方面都要恰当地提出对个人科研水平、教学质量以及知识结构、个人能力等方面的目标,这同时也发挥着一种导向作用,使个人目标得以实现,间接达到高校的目标。

第三,公平对待教师的劳动是最好的激励措施。这里所说的公平,不是平均主义,而是按劳分配上的公平。在日常的工作和生活中,我们总是会与其他人进行比较,从而产生公平感或不公平感,教师同样如此。教师在激励措施方面往往更看重横向比较,看其他人在付出同样多的劳动后得到的激励与自己获得的激励是否一致,而非仅仅是获得激励的绝对数量,而且,这种比较绝对的激励对教师来说更为重要。因此,不公平的激励在效果上甚至不如不激励。

第四,言必信,行必果,注重对激励措施的兑现,不能只说不做。这包括两个方面的含义:一是在制定激励措施时,要充分考虑高校自身的承受能力,不能做出超过高校支付能力的承诺;二是做出的承诺就要兑现,即使当初的承诺已对高校的发展失去了意义,但在高校没有明确停止激励前,仍需要兑现,这样会使教师免除付出劳动却无法获得回报的后顾之忧。

第五,教师参与决策是对教师的最大激励。教师参与决策是治理理论在高校管理中的一种实际体现,也是发扬民主、满足教师受尊重和信任的需要,同时能增进决策者和教师间的了解,创造出相互信任的心理氛围,还能增加教师的满足感和归属感。教师参与高校政策的制定是高校合理、正确决策的必要条件,而合理、正确的决策本身就是对教师最好的激励措施。现代管理心理学认为,在一个团体中,经由民主讨论而做出的决策比由领导者独断专行做出的决策能更多地获得成员的关心和支持。教师参与决策,从实际行动上证明了教师是高校的主人,而不是旁观者。教师参与决策的方式有很多种,如教师代表大会、日常规定制定时的征求意见、经常性的沟通,以及成立各种以教师为主导的委员会负责专项事务的管理。教师参与决策,可以充分利用高校教师群体的高智力资源,有利于决策的科学性和合理性,还可以体现教师在高校的主人翁地位,使教师感到自身的利益和高校的利益息息相关,更有利于调动教师的积极性,使教师资源得到更充分的利用。

五、构造和谐氛围,形成独特的校园文化

校园文化是一种特殊的社会文化,是在特定的环境中创造出来的,与

社会、时代密切相关又相对独立,有着鲜明校园特色的人文氛围、校园精神和环境。校园精神是校园文化的核心,是高校师生员工人生观和价值观的综合反映,是共同的理想、信念、追求,共同的行为规范和标准模式的综合体现。校园文化对教师的影响是看不见、摸不着的,也往往被管理者所忽视。现代的校园文化建设是现代人力资源管理理论与传统的人事管理制度之间的重要区别之一,校园文化建设对高校发展目标的实现起着保障和促进作用,主要表现在:第一,校园文化可以有目的地引导、塑造高校内部成员的行为,增强教师行为的一贯性;第二,文化本身就是一种黏合剂,可以将不同个性、不同思维方式甚至不同价值观的教师黏合在一起,增强教师队伍的凝聚力;第三,校园文化使教师在思想上自觉地将自己与其他高校区别开来,从而对增强教师对高校的认同感和归属感起到积极促进作用;第四,校园文化使教师自觉地将自身利益与高校的总体利益联系在一起,将教师个人的发展目标与高校的总体目标联系在一起,教师与高校荣辱与共。

校园文化的形成非一朝一夕之功,而是在长期办学实践的基础上,经过历史的沉淀、自身的努力和外部环境的影响,逐步形成的一种特殊的社会文化形态。罗马不是一天建成的,但我们不能因此而忽视了对校园文化的建设,教师作为校园群体的一部分,应该积极地投入校园文化的建设过程中,为校园文化的发展做出努力。

校园文化建设的首要任务之一,就是传承高校的悠久历史。"以史为鉴,可以知兴替",历史是我们最好的老师。从高校的发展历史中,我们可以总结出高校建校以来发展中的成功经验和失败教训,高校发展的荣辱兴衰,对培养教师的自豪感和归属感大有裨益。校园文化建设还要弘扬科学精神。科学精神是高校学者在长期的研究活动中形成的价值观和行为规范,是他们人格和精神气质中的精华,有着深刻的思想内涵和极强的思想文化教育功能。科学精神就是创新精神,没有创新,科学将失去生命力。在高校中弘扬科学精神,有利于教师树立正确的世界观、人生观和价值观,有利于掌握科学的学习方法和研究方法,有利于教师深入地开展科学研究,提高教学质量和学术水平。

加强校园文化建设,不仅要给教师提供学术自由的发展空间,更要充分调动教师参与高校建设的积极性,为高校的发展献计献策。只要全校教师都投入高校的建设中,关心高校的发展,在各自的角度对高校政策的制定进行客观评价,我们就能在发展的道路上少走弯路,这样才能更快、更好地实现高校的发展目标。

加强校园文化建设,要建立和谐的人际关系,要创造良好的校园文化氛围,让教师能集中精力搞好科研和教学,使教师能体验到自身存在的价值,使其被尊重、被关心、被爱护的需要得到满足。构建良好的校园文化氛围能维持并增进教师的心理健康,保证教师群体间的团结与合作。主要措施有:第一,改进领导作风,改善干群关系。领导者和管理者要平易近人,遇事多与教师进行沟通,在工作上要协调一致;第二,高校应尊重教师在学术上的不同意见,尽可能地为教师创造良好的工作环境,关心教师生活上的困难,解除教师的后顾之忧;第三,高校要为教师间的人际交往创造良好的条件,消除各种障碍因素;第四,高校要加强对教师队伍中师德高尚、学术造诣突出、教学质量优秀的教师的宣传,使全校形成一种重品德、重知识、重人才的良好风气,使人力资源管理主体与教师形成一种互惠互利、默契双赢的局面。

总之,我们要把良好的校园文化作为高校效益、质量、规模协调发展的关键因素,并围绕高校的办学目标合理规划,优化人才配置结构,更充分地发挥高校人力资源的效益。

六、确保高校教育经费的投入

根据我国高等教育法以及相关规定,国家建立了以财政拨款为主、其他多种渠道筹措高等教育经费为辅的体制,使高等教育事业的发展同经济、社会发展的水平相适应。国务院和省、自治区、直辖市人民政府应依照教育法的相关规定,保证国家举办的高等教育经费逐步增长,各级人民政府教育财政拨款的增长应当高于财政经常性收入的增长,并按在校生人数平均的教育费用逐步增长,保证教师工资和学生人均公用经费逐步增长,即"三个增长"。从目前的情况来看,中国有必要大力拓宽其他的融资渠道,比如发行教育公债,专款用于教育事业,特别是用于高等学校基本建设项目,使教育成本支出在若干年内分摊,这才是缓解高校大规模扩招、财政投入严重不足的一种现实而可行的政策。此外,还应该从税收、金融、物价等政策的角度给予高等教育更大的支持,相应地增加非财政性投资。高校要讲效率,要大力推进分配制度改革,推行"以岗定薪,优劳优酬"的薪酬制度。

第三节 高校教育师资管理体系及方法

一、高校师资管理的目标、途径及方法

管理方法是管理的重要手段,管理方法的科学与否直接影响着管理的成效。高校师资队伍主要是进行"知识"的相关工作,要对高校师资队伍进行管理,必须抓住"知识"本质。

(一)高校师资队伍管理的目标

1. 以建设一流师资队伍为关键目标

高校是培养高级专门人才的学府,教师队伍是高校教学、科研活动的主体,要办好高校教育事业就必须依靠广大教师开展教学、科研工作。因此,在高等教育中,首要的条件是必须建立一支高水平、高质量的教师队伍。因为教师的工作直接关系到教育目标的实现,也直接关系到教育任务的落实。教师的知识传播是学生智育能力形成的主要渠道,它的作用

超过了其他任何形式的教育。教师在思想品德、工作作风、认识问题、分析问题能力等方面直接感染着学生,塑造着学生,对学生的世界观、人生观和价值观的形成有着特殊影响。教师的知识创新能力关系到创新人才培养的质量和国家的科技竞争力。

一流师资队伍是培养一流人才的根本保证,在高校的建设与管理工作中,必须以建设一流师资队伍为关键目标。尤其是重点大学,应形成一流的学术梯队、集聚一流的科研力量。国内外一流大学的形成和发展史表明,师资是高校最重要的办学资源,是其一流地位赖以建立、维持、巩固的基础和关键。师资水平在很大程度上反映着高校的水平,只有建设一流水平的师资队伍才能建设高水平的大学。因此,国内外有远见的教育家和世界一流大学都把建设一流的师资队伍作为办学的第一要务。

2.以造就一流大师为师资队伍建设的必要目标

没有一流的大师级优秀教师,就称不上一支一流的教师队伍。因此,高校在师资队伍建设上,必须以培养、造就或聘请一流的大师级优秀人才充当带头人为师资队伍建设的必要目标。

3.以形成合理的师资结构为重要目标

师资结构合理与否影响着高校师资队伍建设的水平。因此,高校应认真制定师资结构目标,建立与维持一支拥有良好结构状态和充满内在活力的高水平专兼职教师队伍,对教师队伍的学历、职称、学缘、年龄、知识与能级等结构进行适时的、必要的调整,不断加强和改善对高校人力资源的管理,建设一支数量适当、结构合理、业务精良、高效精干的教师队伍。

(二)高校师资队伍管理的途径

1.建立培养、造就、吸引优秀教师的正确途径

优秀教师是高校的"根"和"本",高校必须高度重视教师队伍建设,建

立一条或多条培养、造就和吸引优秀教师的正确途径。然而,培养、发现、选拔、造就和吸引优秀教师不能单纯靠少数"伯乐"慧眼识人才的传统方式,而要靠制度、靠机制,因此要有一系列集体培养人才,公平竞争淘汰,择优、选优、用优的制度。高校应采取超常规办法,制定吸引优秀人才的政策,建立一条或多条吸引优秀人才的绿色通道,面向国内外多方吸纳优秀教师。同时必须与考核评价相结合,必须与本校的学科建设和专业建设相结合,避免人才闲置和人才资源浪费。各高校要克服"近亲繁殖"的弊端,尽可能从其他高校,尤其是其他重点高校选拔优秀人才充实教师队伍。青年教师上岗前要进行真正意义上的严格岗前培训,上岗后要进行岗位练兵、在岗进修、轮岗全职学习等继续培养工作,要通过严格的考核、选拔,从中发现和培养、造就一批优秀教师。

2.建立人才合理流动和教育资源重组的新渠道

各高校在对骨干教师采取稳定措施的同时,应建立一条或多条有利于人才合理流动和教育资源重组的新渠道,使高校教师能进能出,有进有出,合理流动。

实行聘任制是任用教师、管理教师的一种有效手段和形式,是高校人才流动的基础和前提。高校应从实际出发,根据学科建设以及教学、科研任务的需要,科学合理地设置教学、科研、管理等各级各类岗位,明确岗位职责、任职条件、权利义务和聘任期限,按照规定程序对各级各类岗位实行公开招聘、平等竞争和择优聘用。通过签订聘用(聘任)合同,确立受法律保护的人事关系。招聘范围要有国际视野,除聘用本校教师外,还可以通过研究生兼任助教,返聘高级专家、学者以及面向国内外高校、企业和科研机构等社会部门招聘优秀人才担任专职或兼职教师等途径,拓宽教师来源渠道,实行开放式的教师管理办法。全面真正地实行聘任制,还有赖于对教师职务晋升办法的彻底改革。

(三)高校师资队伍管理的方法

1.优化师资队伍结构、提高队伍整体素质的系统方法

在知识经济时代,知识更新速度显著加快,每位教师都面临着知识更新和不断提高知识水平的问题。教师素质和水平提高的问题需要有好的途径,更需要有好的方法。

师资水平提高的主要方法有脱产进修提高法,进站(博士后流动站)工作提高法,在职自修提高法,国外留学访问提高法,社会实践提高法,实验室工作提高法,科研工作提高法和学术会议、学术交流提高法等。教师整体素质的提高应该是系统方法的综合运用,而不能仅仅依赖一两种方法。

以信息技术为背景的现代教育技术改变了教育的组织形式和方法,也改变了学生的学习方式与方法,使获取信息的渠道更加多元化。在这样的条件下,高校教师必须实现工作角色的转变与素质的系统提高。首先,要由教学型教师向研究型教师转变。在现代教育技术条件下,教师必须不断学习、研究和应用现代技术。其次,要由信息资源的利用者向课程信息的设计者和开发者转变。教师不仅要传达普通教材上的知识信息,而且要学习和掌握多媒体技术和网络技术,为学生自主学习设计开发各种教学课件。最后,要由教学者向学者和学习者转变。教师只有先做学习者,不断地更新知识、观念和提高职业道德修养,以学习者的态度不断丰富自己,才能使自己具有知识渊博的学者风范,也才可能成为具有创造性、开拓性和较高研究能力的教学者。

2.引进师资队伍管理的先进理念与现代方法

我国高校目前的师资管理水平、管理观念和管理方法有待提升。因此,应更新观念,树立"以教师为本,以专家教授为本中之本"的新理念,引进现代师资管理的科学理念与现代方法。变教师管理为知识管理,变人事管理为岗位管理,变档案管理为信息管理,变管理为建设,变控制为服

务。同时,还要把国内外现代企业制度中先进的人力资源管理的方法加以借鉴,从考核、评聘到学术梯队建设与管理全部实行动态的、信息化的、科学的管理方法。改革和完善相关管理制度,使师资管理随意性减少。通过管理和服务,激励青年教师岗位成才;通过管理和服务,提高师资的整体素质与水平。

高校办学的根本目的是培养高素质创造型人才,而培养高素质创造型人才又要依靠学术精湛、治学严谨的优秀教师。在所有的教育资源中,优秀教师是最重要的资源。高校教育、科研体制的改革,人事管理制度的改革,必须有利于高素质创造型优秀人才的培养;有利于学科建设;有利于学科的交叉、融合、渗透和新兴学科的生长与发展;有利于科学技术的发展和学术水平、创造能力的不断提高;有利于高校资源的优化配置。总之,以教师为本,就是要充分调动和发挥全体教师的积极性,激发他们的创造性,为高校的改革、发展和提高做出贡献。

(四)高校师资队伍知识管理的任务

以往对教师知识的管理所关注的是易于被转变为话语、被记录下来的和以手册和教科书的方式等可以清晰表述的知识。将教师的知识管理仅仅理解为对高校的图书资料的整理归类,这不符合现代知识管理观的要求,也不符合教师知识的个体性特征对知识管理的要求。当今社会已进入知识社会,知识日益成为一个组织取得成功的核心推动力,在这样的背景下,组织所要面对的难题不再是怎样发现信息,而是如何管理信息,如何从众多的知识信息中清理出重要的知识,并创造性地加以利用。对高校师资队伍的管理,相当于对知识型组织的管理,所面对的知识管理问题特殊且复杂。

1.重视对教师的理论性显性知识进行整理、分类和条理化

教师的理论性显性知识包括高校和教师个人的藏书、著述、资料、文件等"硬件"。这是教师知识管理的基本任务,也是教师知识管理其他任

务的基础。

2.实现对教师知识的有效获取和积累

教师知识的动态性要求教师必须不断地更新、充实自己的知识,这就使得高校必须帮助和支持教师更新和充实自身的知识,以实现教师对知识的有效获取和积累。教师既要重视对既存的理论性显性知识的接受性学习,又要从外界环境中摄取准确、及时、有效的信息,包括查阅最新出版的相关书刊资料和互联网上发布的最新消息等,然后把所得到的初级信息加以筛选、梳理,使之系统化、有序化。再结合自己在这方面已拥有的知识和经验做进一步分析,使新旧知识自然地结合在一起。同时更要注意在高校文化环境下,在教学、科研实践中,在与学生及其他教师的交流中,建构自己的信息知识体系。

3.实现教师显性知识和隐性知识的转化,借以创造知识和实现知识的有效增值

教师知识管理的核心任务是促进教师的知识创新,通过知识创新扩充高校的知识积累,促进教师的专业发展和高校的发展。而高校知识创新的实质就是显性知识和隐性知识之间相互作用而形成的知识的转化及增值过程。显性知识和隐性知识可以通过四种方式转化:一是社会化,通过经验共享使个人的隐性知识转化为组织的隐性知识,使个体的隐性知识得以在组织内交流和分享;二是外在化,通过对话和反思,将隐性知识转化为显性知识,将意念转化为实在;三是联合化,通过沟通、扩散以及系统化将分离的显性知识聚合为系统和更为复杂的显性知识;四是内化,个体通过学习和体悟使公共显性知识转化为个体隐性知识。教师知识管理中知识的创造和增值也正是通过这样的方式实现的。积极促进知识转化的进行,有效地实现高校知识的创造和增值,正是教师知识管理的核心任务。

4.促进教师知识的有效交流和分享

知识是通过交流、结合而发展的,科学也总是在人类已经积累的知识基础上进一步发展的,这表明知识的生产需要跨时空的知识交流与结合。学生在学习显性知识的过程中发展了隐性知识,这表明显性知识与隐性知识的结合与交流产生了新的知识;在解决问题的过程中,科学技术知识与社会生产、生活知识的交流与结合导致了大量的产品与生产技术的发明,这表明显性知识与显性知识的交流与结合也促进了知识生产。总之,知识只有被人掌握,并且被人利用,才能产生新的知识。各种显性知识、隐性知识的交流与共享对知识生产十分重要。教师之间的共同协作是实现高校整体工作有效性的前提,而教师之间的知识交流与共享既是高校发展的前提,又是教师成长和学生成长的前提。

二、基于知识的高校师资管理新方法

(一)知识输入管理

高校师资队伍持续地进行知识更新,就需要进行知识输入管理。知识输入管理涉及如下方面。

1.知识输入的目的

知识输入的目的是提高教师群体素质,促进师资队伍的知识更新。在大众化教育背景下,高校师资队伍本身是施教者的主体,在当今知识社会中,他们应该具有足够的知识,并且能够及时更新知识,否则将丧失施教者的作用,被淘汰出局。

知识输入管理的途径包括:第一,各类图书馆,它是收藏人类知识遗产的场所,是展示最新知识成果的场所,也是进行教师知识管理的重要场所;第二,信息技术的飞速发展和信息高速公路的建立,这使教师的知识储备和学习变得更为便捷、迅速;第三,各种形式的培训、学习和教师对自身教学实践的反思;第四,同事间的交流学习。

2.知识输入的内容与方法

输入高校师资队伍中的知识既包括隐性知识,又包括显性知识。

隐性知识输入的主要形式是引进人才。按照本单位学科布局和用人计划引进各层次人才,这些人才本身所具有的隐性知识自然就输入进高校师资队伍。隐性知识的引入,一方面要考虑各个学科的发展布局,另一方面必须考虑隐性知识本身的特点。隐性知识主要体现为无法明示化的个人所拥有的知识,具有不同隐性知识的人具有不同的能力,如科研能力、创新能力、分析能力、组织能力、解决问题能力、发现问题能力、实际动手能力等。因此,在引进人才时也需要把这些内容考虑进去,并且要尽量引进具有不同能力的人才,不能只引进一种或少量几种能力的人才,实现各种能力人才的合理布局。

隐性知识输入的第一种形式就是开拓外部知识库。高校可以通过各种合作形式访问外部知识库,如将现有教师派到其他教学、科研单位进行交流访问或进修培训,或者邀请一些专家、学者来本校交流访问、讲学或合作研究,增加教师的知识积累,提高教师的知识学习和更新能力。其中反思性学习是提高教师实践知识的重要方法,教师可以通过记反思笔记的形式,记录自己的教学心得和感悟,将教学实践与教学理论相互印证。反省实践与理论的差距或不一致的地方,或者对特定教育事件的处理做事后分析,不断提高自己的理论水平,借以发展更高层次的个人实践知识。

隐性知识输入的第三种形式是建立教师之间的协作学习机制。通过小组或团队的形式组织教师学习,在讨论、交流与协作的基础上,就某些教学事件进行共同探讨,以交流和共享彼此的观点,实现知识的共同性学习。这一方法对扩大教师的知识面,提供教师对教育事件的相互交流和启发,提高和分享对实践性知识的认识和理解都具有重要的意义。教师知识管理应注重建立协作学习的机制,以促使教师间的互相学习,不断提高教师的实践知识水平,以达到促进教师专业发展和不断提高高校教学质量的目的。

显性知识的输入可以脱离人进行。一是高校图书馆应该订购一些前沿的期刊、报纸和图书等。二是对高校现有的图书资料进行分类整理,教师个人也可以建立个人图书档案,利用自己喜欢的信息分类方法对图书资料进行分类整理,以提高使用效率。三是建立教师个人的电子储存文件系统。教师个人可以利用计算机对自己搜集到的零散的资料信息进行整理归类,分期、分批地存放,建立起自己的个人知识管理系统,便于及时查找使用。

(二)知识传播管理

高校师资队伍的一大任务或者说一大社会功能是知识传播,可以说知识传播是高校师资队伍的首要任务。我们有必要对高校师资队伍的知识传播进行系统管理,推进知识传播的顺利进行,形成有序、稳定、及时和新颖的知识流,促进知识传播的有效利用,获得知识传播的最佳效果。在大众化教育环境下,这种知识传播的范围更广,传播的知识更加多样。对高校师资队伍知识传播进行管理,涉及如下几个方面。

1.知识传播的主体

高校师资队伍是知识传播的主体,这个主体应该满足如下条件才能够更好地进行知识传播。

(1)数量上应该达到一定要求

数量方面主要考虑"生师比"指标,大众化教育下的生师比应该比精英教育下的大很多。我国的现状是生师比过大,已经大于其他实现大众化教育国家的生师比。这样很难保证教学质量,很多学生得不到很好的指导,无法获得应该得到的隐性知识和显性知识。

(2)质量上应该达到要求

高校教师只有具备基本的教师素质,才能教书育人。教师素质的提高主要包括两大方面:一是招聘教师时尽量选择素质高的人员;二是对在编教师进行在职培训。教师素质的高低决定着学生水平的高低,俗语讲"名师出高徒",要想培养出高水平的人才,首先要提高教师的素质。

(3)教师结构布局应该合理

高校教师的结构布局非常重要。实现高校教师结构的合理布局,主要包括如下几个方面。

第一,学科分布合理。高校所有的专业都有适量的教师,不存在有专业无教师的情况。

第二,职称结构合理。每个教研室都有比例适当的高级、中级、初级教师,分别承担不同的教学科研任务。

第三,年龄分布合理。不同年龄阶段的教师具有不同的特点,合理的团队建设应该每个年龄段都有一定数量的教师。

第四,能力结构合理。教师个人的特长与特点不同,有的善于教学,有的善于科研,不同能力的教师都应该具备,然后按照"扬其长、避其短"的原则合理分工。

(4)专职和兼职相结合

一方面,高校师资队伍要保持一定的专职教师,这部分人员终身属于本单位。单位负责对这部分人员进行培养。他们是本单位的中坚力量。另一方面,高校师资队伍中还应该有一定数量的兼职教师,这是大众化教育下满足教师数量要求的通常做法。招聘部分兼职教师可以增加高校教师的数量,但不会过大增加高校的运营成本。此外,兼职教师往往会带来一些新的本校教师没有的知识或特征,便于提高专职教师的素质。兼职制度的存在也会促使专职教师更努力地工作,努力提高自身素质。

2.知识传播的内容

高校中传播的知识主要是本高校所设置的各项课程,不同专业的具体课程内容不同。这些知识主要属于显性知识。另外教师传播给学生的知识还有隐性知识。要对知识传播的内容进行管理,主要应该考虑每个专业课程设置得是否合理,是否覆盖了这个专业所需要的基本的教学目标,所使用的教材是否已更新,是否包括了最新的知识,各类知识间是否具备一定的联系,是否成体系。

在管理隐性知识的传播时,应该考虑学生与教师间的研讨时间、共同做项目时间、论文写作指导时间等。只有通过实际接触,才能够进行最有效的隐性知识的传播。

3.知识传播的对象

高校知识传播的对象主要是各类接受高等教育的学生,包括成人、专科生、本科生、硕士生和博士生。加强对各类学生的管理,能够很好地完成知识传播的任务。应该根据不同类型学生的特点进行管理,重点考虑学生如何才能够更好地学习知识。本科生、专科生、成人教育主要是使其掌握必要的专业知识,所以以显性知识教育为主,主要学习各类课程。针对这部分学生,应该主要从课程上进行管理,包括选学课程数量、考试成绩、上课次数等。硕士生和博士生教育主要是培养学生发现问题、分析问题和解决问题的能力,所以应该以隐性知识教育为主。除了指定的一些专业课程外,学生自己还要广泛地进行阅读和自学许多其他知识,这个过程就是培养自己的能力,形成自己的隐性知识的过程。

4.知识传播的途径

知识从高校师资队伍这个主体传播到各类学生这个对象需要经过一定的途径。要管理好知识的传播,需要拓宽途径,并且要保证这些途径顺畅。主要的途径有两大类型:一是课堂教学,二是科学研究。要保证这两大途径顺畅才能够更好地进行知识传播。保障课堂教学顺畅主要应该考虑教室安排、时间安排以及其他条件的提供;保障科学研究的顺畅主要应该考虑科研环境、条件的提供。

另外,要拓宽知识传播的途径,针对显性知识,可以考虑多安排一些学术讲座、学术活动;针对隐性知识,可以考虑安排一些研究生和导师共同参加的活动,增加彼此之间的交流机会。

在大众化教育环境下,可以充分利用现代信息网络技术,采取网络化教学。通过网络传播知识是一种新的知识传播途径,但是这种方式主要传播的是显性知识,并且师生的活动教学很难实现。但是网络教学极大地扩展了知识传播的范围,适合大众化教育。

(三)知识创新管理

高校师资队伍的另一大任务是知识创新。高校师资队伍知识创新能力直接影响高校本身的综合实力。重点名校师资队伍的知识创新能力都很强,能够产生很多科研成果。一所高校要想提高档次,提升世界高校排名,必须提高师资队伍的知识创新能力,特别是自主创新能力,开发和拥有自主知识产权技术,加强对知识创新的管理。对高校师资队伍知识创新进行管理,涉及如下几个方面。

1. 知识创新的主体

高校师资队伍是知识创新的主体,要实现知识创新,高校师资队伍应该满足如下要求。

(1)保持一个稳定的科研团队

稳定的科研团队持续地在一个研究方向上进行科学研究,往往能够产生一系列有价值的新知识。流动的科研团队缺少知识积累,很难产生新知识。

(2)保持一个开放的科研团队

开放的科研团队能够接受新思想、新事物、新观念,这样才有可能产生新知识。封闭的科研团队无法接受新思想、新事物和新观念,所以也很难产生新知识。

(3)保持一个融洽的科研团队

融洽的科研团队中各个成员能够很好地配合工作,大家集思广益,相互促进,共同进行科学研究工作,这样才能增大知识创新的可能性。工作在一个关系融洽的工作环境中,人的心情舒畅,容易产生灵感,不会增加过多麻烦。

（4）保持一个交流的科研团队

交流的科研团队中的成员彼此之间可以进行学术沟通，大家经常一起讨论问题，共享自己的想法，给别人提出意见。实质性的交流增大了创新知识的可能。一个人的思想有时会局限在一定的范围内，在与别人进行谈论时往往能够受到启发，适当的交流能够促使新思想的产生，促使新知识的产生。

2. 知识创新的范围

高校师资队伍能够在很多方面进行知识创新，例如：

从学科领域来看，最容易有创新的领域是各个学科前沿的研究领域。传统的、成熟的学科理论很难产生新知识，但是也有可能在应用层取得创新。

不同学科交叉领域容易有新知识产生。传统学科发展到一定程度，已经很成熟。不同学科研究问题、解决问题的思路、方法不同，在学科交叉部分能够应用两个学科的思想和方法，往往能够产生新的思想何新的知识。

知识创新的结果在显性知识方面体现为发表的各种学术观点、理论和方法等，这些创新成果可以显性化；在隐性知识方面体现在优秀人才的培养上，新的专家、学者的出现表明一定的、特殊的隐性知识产生了。

知识创新包括各种层次的知识创新。理论、方法、技术和应用层都会产生新的知识。

3. 增强自主创新能力

加强高校师资队伍知识创新管理，必须增强自主创新能力。增强自主创新能力是一项系统工程，应把原始创新、系统集成和引进消化吸收再创新结合起来。

（1）以人为本，创建特色鲜明的专业培养计划与课程体系

提高国家自主创新能力，有赖于大批创新拔尖人才。高校是培养人才的摇篮，要努力提高学生的创新精神和实践能力，为此，要把校内培养与校外培养相结合，遵循因材施教的原则，因人而异地制订教学计划、培养计划，让学生有学习的选择权。对尖子生要配备导师进行个别指导并创造条件促进他们更快、更好地成长。高等教育不能在育分上下功夫，而要在育能上下功夫，要着力培养学生学习能力、思维能力、创新能力。高校不应把学生关在课堂上、校园里培养，要积极探索和实施高校与企业、与社会联合培养大学生的模式。如引导、组织学生走向社会、走向企业，到社会、到企业中接触实践、接触课题。高年级学生、研究生应参加教师承担的课题或独立承担科研项目、攻关项目，应让他们到企业中、到实践中去选题，既发挥集体智慧在科技攻关、自主创新中的作用，又能从中得到锻炼，增强创新意识。大学生"挑战杯"即全国大学生课外学术科技作品竞赛，是培养创新人才的好途径。其特点是每个课题都来自实践，都是为了解决实际问题。这种模式应推广开来，在实践中既提高学生的创新能力，又能为自主创新做出贡献。

（2）改革高校教师考核评价制度

高校教师有的擅长教学、有的擅长科研、有的擅长开发，三者兼有、二者兼有的教师也大有人在，但多数教师侧重面不同。因此，对教师的评价、职称评定的标准应多元化，任何一方面成绩突出的都可评高级职称。尤其要鼓励教师到企业、到市场去选择科研课题、技术改造项目，鼓励教师把科研成果延续下去，转化为产品、产业，把专利实施下去，转化为产品和产业。有些重大课题、重大攻关项目、科技开发项目并非在短期内能够完成，因此不能要求这些教师每年拿项目，每年出成果、出论文，相反，应从物质上、精神上鼓励他们坚持下去，不要急功近利，急于求成，这就必须制定新的教师考核评价制度。

（3）创新师资队伍培养机制

建立一支高水平的教师队伍和高水平的学术创新团队,是提高创新能力的关键。高水平的师资队伍能为创新能力的提高提供强有力的人才支撑。当今世界,科学技术是综合国力竞争的决定性因素,自主创新是支撑一个国家崛起的筋骨。科技的灵魂在创新,科技的活力在改革,科技的根本在人才。要大力培养和积极引进人才,做到人才辈出。重视高校现有人才的培养,特别要重视培养中青年学术骨干。高校应建立长期稳定的人才培养机制,并努力为他们提供一个适宜的成长环境,强调尊重人才,人才自重,提倡竞争、和谐、有序、协作的学术氛围。

4.知识创新在高校团队建设上的实践

为了出色地完成高等教育所肩负的重大历史使命,高等学校必须尽快培养和造就一批创新团队。通过创新团队的建设,高等学校可以在学科建设、教学科研工作中组织起团结协作、创新能力强、学术水平高的科研突击队和教学团队,从而承担国家级重大科研项目,做出创新性的科研成果和出版高质量的教材,培养教师之间团结合作、奋发向上的优良氛围,凝聚队伍,培养一批有相当影响力的中青年学科带头人,使创新团队成为高校学科的支撑,成为重大项目的主要承担者、学术研究和科研成果的摇篮、培养人才的基地以及科研基地的使用和建设者。重视团队建设是进一步加强教师队伍建设、提高教学质量和研究水平的新举措。

通过多年建设,重点高校都形成了一大批可以承担重大科研项目、能做出标志性成果的创新协作团队,同时培养出了一批杰出的学术带头人和学术骨干,以及一定数量的具有国际水平的学科带头人和学术大师。

建立以绩效考核为核心的分配机制和以合同管理为特征的团队聘用机制。全面推行"以岗定薪、优劳优酬"的分配制度,对学科带头人实行在工资、津贴、奖励和福利待遇方面具有激励性的分配制度,积极探索来华工作和回国定居的专家的工资福利与社会保障制度,探索推动年薪制、协商工资制等多种工资制度;在"效益优先,兼顾公平;淡化身份,动态管理;支持创新、鼓励冒尖"的原则基础上,逐步建立适应团队建设和发展的"基本工资＋岗位和任务津贴＋业绩和贡献奖励"基本模式,以公平与效率相结合的工资福利分配机制,充分调动团队中每个成员的工作积极性、主动性和创造性。

为了始终保持团队的生机活力,促进竞争、激励和流动,应当建立和不断完善科学全面合理的符合创新团队特点的教学科研综合考核评价体系,要由关注过程管理向重视目标管理转变,将频繁地注重量的考核向以质量评价为核心的聘期考核转变;将对包含学科带头人在内的个体的考核向团队整体效益和成果的考核转变;考核期限、方式和指标应当有利于具有原创性的高质量、高水平的学术成果和高新技术产生,要关注团队所探索出的学科新方向,所建立的具有创新意识和水平的学科队伍,要重视原创性成果以及所解决的基础理论和国民经济重大问题,应当注重建立一个宽松的环境和宽容的体制以保护创新。

探索一条有利于团队建设和发展的人事管理和资源及信息共享机制,鼓励和支持建立相关特区,赋予学科带头人(或其群体)在经费使用、人员聘用和聘任、薪酬确定等方面的自主权,克服现有校院系管理组织的弊端,打破影响组织团队的壁垒。现行的高校内部管理形态存在着影响团队建设的因素,要根据提出和承担重大科研项目、产生科技成果的需要,打破人才的单位所有制,淡化人才的行政隶属关系,反对学术机构行政化的做法,改变将人才固定到特定机构的做法,使高校内部的人力资源能够根据学科带头人组建团队的需要自由流动。鼓励高校按照培养优秀学科带头人,组织团队的需要积极推行内部组织形态的改革,通过系统的改革和资源的配置,催生一批跨学科、具有很强活力的学术团队。反对狭隘地理解学科建设的意义,拓宽学科建设的内涵,要将组织学术团队作为学科建设的最重要的内容和组织形态。鼓励团队自我发展,不断创新,创造一个开放的、民主的、自由的、高效的、灵活的团队自我管理体制,充分发挥团队的积极性和创造性,减少行政干预和不必要的行政管理。

建立创新团队的示范性工程,鼓励高校根据各自的情况在可能取得重要突破的方向配置资源,建设若干创新团队。教育部在若干涉及国民经济发展的领域,涉及重要基础理论、重大工程的领域,根据高校的团队建设情况,选拔具有较强组织程度、提出并申请重要研究项目的团队,在人员经费方面给予必要的支持。重点资助知识结构合理,跨学科,以特聘教授为首的学术团队。高校要根据自身的优势和特色,在可能取得重大突破的方向,积极组织队伍,重点配置资源,努力形成若干具有承担重大课题研究能力、可能产生具有较大影响力成果,能够产生新的学科增长点、为基础理论和国民经济建设主战场解决重大问题的团队,并通过团队的建设培养一批学风优良、学术影响广泛和组织能力优秀的学科带头人和学术骨干。

创新团队是面向基础重大科学问题研究和面向应用的、急需解决重大技术问题研究的突击队,是创新性成果的源泉,是高层次人才培养的基地,是新兴交叉学科的生长点。创新团队要聚集一批优秀的科技人才,努力营造学术讨论热烈充分、观点见解激烈交锋、创新人才相互学习、激发创造力和攻关力的良好"生态环境"。创新团队应当有明确的专业特长和学科带头人,并拥有数名教育背景、工作经历和研究领域各异的主要研究骨干。

创新团队的模式应当是宽泛和多层次的,既有在实践中自然产生的在纵向领域不断扩展或深入的团队,又有应前沿科学研究需要而产生的通过重新组合相互协作的在横向的跨学科的新兴领域开拓的团队;既可能是"学术带头人+团队",又可能是"若干学科带头人+若干小团队"的组织模式。

(四)知识输出管理

高校师资队伍进行知识学习和生产的最终目的是知识输出,只有将知识输出到社会才能实现高校的社会功能。对知识输出进行管理需要考虑如下两个方面要素。

1.知识输出的目的

高校师资队伍知识输出具有两大目的:第一,把高校师资队伍掌握的知识输出到社会,实现高校知识传播的社会功能;第二,将师资队伍产生的新知识进一步转化为社会生产力,实现新知识的价值,为社会做出直接的经济贡献。

2.知识输出的内容与方法

高校师资队伍知识输出的内容主要包括如下两大方面:

一方面是将知识输出给不同专业的学生,当学生毕业到社会参加工作后就把知识进一步输出到社会。这方面内容与高校师资队伍的知识传播部分内容相似。这种知识输出是以"人"为载体进行的。因此,加强学生的校内学习,做好毕业学生的就业安置工作能够保证知识输出。

另一方面是将知识转化为社会生产力,实现知识的经济效益。高校管理的主要工作是建立产学研结合机制,促进新知识(主要是各种专利)的产业化。这方面的知识输出以"新知识"本身为对象,以产业化为目的,关注的是如何实现知识的价值。只有高校是无法完成这项任务的,所以需要构建产学研结合的机制,与其他公司团体合作分工完成。例如高校与企业联合建立高科技研究院,双方本着互惠互利、优势互补、共同发展的原则,采用全新的校企合作模式,企业的研发机构入驻校园,在高校建立"研究特区",双方优势互补,强强联合,从而增强企业自主研发能力,提高企业技术创新能力和企业核心竞争力。

(五)自学习管理

高校师资队伍必须建立起自学习的机制。作为一个社会组织,要想良性发展,必须具有自学习能力。

1.自学习的定义

高校师资队伍的自学习包括四部分的内容:内部显性知识输出、内部隐性知识输出、内部显性知识输入和内部隐性知识输入。这里的知识输入与输出都是在内部进行的,对高校师资队伍这个对象来说是自身的同一个活动,因此,我们把这些活动统称为"自学习"。把学习的含义进一步扩展,可以认为高校师资队伍这个群体自身形成的学习机制叫作自学习。这里研究的自学习管理主要针对狭义的概念。

2.自学习的重要性

高校师资队伍作为一个知识源,必须具备自学习的能力,形成一种核心能力。高校本身要想具有自己的特点,就必须有这个核心的能力。自学习的机制建立起来后,如果运行良好,将会吸引很多高等人才加入,进一步推进整个师资队伍素质的提高,形成良性循环。如果没有建立起自学习机制,高校师资队伍只是一个松散的教师集合,本身没有知识增值,不能形成知识凝聚力,很难吸引人才,也很难留住有才华的教师。

3.自学习的内容

高校师资队伍自学习的内容很多,主要可以从如下几方面考虑。

①自学习的知识不仅有显性知识,还有隐性知识。高校师资队伍产生的显性知识,可以以各种形式在内部传播,比如讲座、培训等。另外,难以显性化的,主要属于教师个人本身的隐性知识是很难进行传播的,只有通过长期的言传身教,才可以实现部分隐性知识在少数人之间的传播。因此,在一个高校师资队伍中,大家工作、生活接触比较频繁,有很多的机

会学习隐性知识。

②自学习的知识包括很多学科领域,只要是本高校师资队伍掌握的知识都可以进行内部培训、学习。不同专业方向的教师,为了提高自身素质,也可以学习一些其他学科专业的知识,这样对于交叉学科研究具有更重要的意义。

③自学习对于高校师资队伍自身虽然是一个活动,但具体到队伍内部,也需要进行细化分工。掌握了新知识(包括从外部输入的知识和团队自身创造出的新知识)的教师负责将这些新知识条理化,准备好培训材料或讲座报告。有学习新知识需要的教师应该安排好自己的时间,参加各种新知识传播活动。高校管理者应该掌握新知识提供的信息和学习者学习的信息,并且做好组织工作,提供一定的自学习平台。这样三方各自完成好自己的工作,自学习才能很好地进行。

4.自学习的方法

高校师资队伍自学习的方法很多,针对不同的知识,可以采用不同的方法。

①常规的培训课程。对于一些需要长期培训的知识,应该采用这种方法。但必须安排好时间,因为教师一般都有自己的本职工作,他们常利用业余时间进行培训学习。要想达到预期的培训效果,必须保证足够的学习时间,还要采用灵活的教学方法。如果都是本校教师,在培训课上能够形成很好的课堂气氛,形成互动式教学。

②学术会议、讲座报告。如果其他教师参加了校外的国际会议或者高级讲座,回来后可以组织一两次汇报或讲座。在科研团队内部可以定期举行学术报告,进行小范围自学习。

③以科研团队方式进行科学研究。由于隐性知识在人与人接触中传播、学习的可能性很大,特别是科学研究能力很难用一两次报告就能够学习到,所以对于科学研究,应该以科研团队的方式进行,大家经常在一起

工作、学习、交流,这样才能增加接触机会,促进隐性知识传播。通过科研团队方式可以形成一支能力很强的科研队伍,这种自学习方式直接、有效。

第四节 高校学生教育管理的内涵与价值

一、高校学生教育管理的内涵

(一)高校学生教育管理的界定

管理就其字面意义而言,就是管辖、处理的意思,由于管理的涉及面极其广泛,所以人们往往按照某种需要、从某种角度来看待和谈论管理,因而,对管理也就形成了多种不同的解释。

综合各种观点,管理是在一定的社会组织中,人们通过决策、计划、组织和控制,有效地利用人力、物力、财力、时间和信息等各种资源,以达到预定目标的一种社会活动过程。

高校学生教育管理是高等学校管理的一个重要组成部分,也是高等学校人才培养工作的一个重要环节。因此,高校学生教育管理既具有管理的一般本质,又有其自身的特殊本质。这主要表现在以下三个方面。

第一,高校学生教育管理是在高等学校这一特定的社会组织中进行的。

任何管理活动总是在一定的社会组织中进行的。实际上,管理活动就来源于社会组织中协调组织成员的相互关系和个人活动的必要性。高等学校是系统培养专门人才的社会组织,大学生的教育和培养是其首要的和基本的任务。高校学生教育管理也就是高等学校为实现这一任务而进行的特殊的管理活动。

第二,高校学生教育管理的目的是实现高等学校的人才培养目标,促进大学生的全面发展。

管理总是有一定目的的,管理的目的就是要实现一定社会组织的某种预定目标。高校学生教育管理作为高等学校人才培养工作的一个重要环节,其目的就是要实现高等学校在人才培养方面的预定目标,促进大学生的全面发展,使之成为德智体美劳全面发展的社会主义事业的建设者和接班人。

第三,高校学生教育管理的实质是要有效地利用学校的各种资源,为大学生的成长成才提供指导和服务。

高校学生教育管理的任务是要为大学生顺利完成学业、健康成长成才提供各个方面的指导和服务,包括对大学生行为和大学生群体的引导、为家庭经济困难学生提供的资助服务、为毕业生提供的就业服务等。因此,就需要通过科学的决策、计划、组织和控制,有效地利用学校的各种资源,包括人力、物力、财力、时间和信息等。

综上所述,所谓高校学生教育管理也就是指高等学校为实现人才培养目标,促进大学生全面发展,通过决策、计划、组织和控制,有效地利用各种资源,为大学生成长成才提供各种指导和服务的社会活动过程。

(二)高校学生教育管理的特点分析

高校学生教育管理作为高等学校为实现人才培养目标而为大学生提供的引导与服务,有其自身显著的特点。

1. 突出的教育功能

高校学生教育管理是高等学校人才培养工作的重要组成部分,因此,高校学生教育管理既具有管理的属性,又具有教育的属性,有着突出的教育功能。

(1)高校学生教育管理的目标服从和服务于大学生教育的目标

大学生是为了接受大学教育而跨进大学之门的,高校学生教育管理则是高等学校为实现大学生教育目标,促进学生圆满完成大学学业而实施的特殊管理活动,因此,高校学生教育管理的目标必然服从和服务于大学生教育的目标。

(2)教育方法在高校学生教育管理方法体系中具有突出的作用

教育方法是包括高校学生教育管理在内的现代管理活动中最经常、最广泛使用的一种基本手段。这是因为,一切管理活动都离不开人,而人是有思想的,人的活动总是由一定的思想意识支配的。正如恩格斯所说:"推动人去从事活动的一切,都要通过人的头脑"。因此,任何管理活动都要坚持思想领先的原则,注意做好人的思想工作,通过影响人的思想去引导和制约人们的活动。而高校学生教育管理作为大学生教育和培养工作系统中的一个重要组成部分,也就必然要更加注重运用教育的手段,以增强大学生管理的实效性。

(3)高校学生教育管理过程同时也是教育大学生的过程

高等学校是教育和培养专门人才的场所,高等学校的一切工作都应当对学生起到良好的教育和影响作用。高校学生教育管理过程中所贯彻的以人为本、民主法治、公正和谐的理念,所体现的从学校和学生的实际出发、遵循教育规律和管理规律、实事求是的科学精神,所采用的民主管理、依法管理、科学管理的方法等都会对学生起到潜移默化的影响。高校学生教育管理过程中所实行的依据大学生成长成才的规律和要求制定的各项规章制度,都会对大学生起到思想导向、动机激励和行为规范的作用。高校学生教育管理过程中管理人员的情感、态度和言行也会对大学生起到表率和示范作用。可见,高校学生教育管理的过程同时也是教育学生的过程,并直接影响着大学生思想品德的形成与发展。

2.鲜明的价值导向

高校学生教育管理总是为一定社会培养人才提供服务的,高校学生教育管理的目的、管理体制和管理形式总是受到社会的经济基础、政治制度和意识形态的制约。因此,高校学生教育管理必然具有鲜明的价值导向,它总是贯穿并体现着一定社会的主导价值体系,并直接影响着大学生价值观的形成、变化与发展。具体地说,高校学生教育管理的价值导向主要体现在以下几个方面。

（1）管理目标

目的性是人类实践活动的基本特征,而人的实践活动的目的,总是基于一定的需要和对实践对象的属性及其变化趋势的认识与判断,因而总是体现着一定的价值观念,高校学生教育管理的目的同样如此。事实上,高校学生教育管理的目的以及作为其具体展开的整个目标体系,都是基于一定的价值观念确定和设计的,都贯穿和体现着一定的价值观念和价值追求,因而,高校学生教育管理的价值导向不仅对管理者的管理行为和大学生的日常行为起着导向、激励和评价作用,而且会对大学生价值观的形成和发展起到重要的引导和促进作用。

同时,高校学生教育管理是大学生教育的重要环节。为谁培养人,培养什么样的人始终是大学生教育的首要问题,当然也是高校学生教育管理的首要问题。显然,对这个问题的解决必然鲜明地体现着一定的价值观念和价值追求。在我国现阶段,也就是要体现社会主义核心价值体系,体现实现中国特色社会主义的共同理想对人才培养的要求。因而,我国高校学生教育管理的目标也必然要体现社会主义的价值导向。

（2）管理理念

高校学生教育管理理念是高校学生教育管理的指导思想,直接制约着大学生管理的原则和方法,而高校学生教育管理理念也总是体现了社会的价值体系,并往往是社会的先进的价值观念在高校学生教育管理中的贯彻和体现。在高校学生教育管理中全面贯彻"以人为本"的理念,坚持做到"关心人、尊重人、依靠人、发展人、为了人",必然会对学生正确认识人的价值,确立"以人为本"的价值观念产生积极影响。

（3）管理制度

科学而又严密的规章制度是高校学生教育管理的基本手段,是大学生管理规范化、制度化和法治化的基本保证和主要标志。而管理规章制度总是人们在一定的价值观念指导和影响下制定出来的,总是体现着一定的价值导向,具体表现为要求大学生做什么,不做什么;鼓励和提倡做什么,反对和禁止做什么;奖励什么样的行为和表现,惩罚什么样的行为和表现等。高校学生教育管理制度中的这些规定无不体现着鲜明的价值导向。

3.复杂的系统工程

同任何管理活动一样,高校学生教育管理也是一项系统工程,具有整体性、层次性、动态性和开放性。同时,高校学生教育管理又有其特殊的复杂性,因而是一项十分复杂的系统工程。

(1)高校学生教育管理的任务是复杂的

既要紧紧围绕大学生的中心任务,加强对学生学习行为和实践活动的管理和引导,又要切实为大学生的健康成长着想,加强对学生日常行为包括交往行为、消费行为、网络行为的管理和引导,及时发现、校正和妥善处理学生的异常行为;既要加强对大学生现实群体包括学生班级、学生党团组织、学生社团和学生生活园区的管理和引导,又要适应网络时代的新情况,加强对大学生以网络为平台形成的虚拟群体的管理和引导;既要对大学生在校园内的安全加强管理和引导,又要为大学生在校外的安全提供必要的指导和督促;既要做好面向全体学生的奖学金评定工作,以充分调动学生的学习积极性,又要做好面向家庭经济困难学生的资助工作,以帮助他们顺利完成学业;既要引导新生科学制定职业生涯规划,明确努力的具体目标,又要为毕业生提供就业、创业指导和服务,使学生能够在合适的岗位上施展自己的身手、实现自身的价值。总之,高校学生教育管理渗透大学生专业学习和日常生活的各个方面,贯穿大学生培养工作的所有环节和全部过程,其任务是复杂而又艰巨的。

(2)大学生是具有明显差异和鲜明个性的

高校学生教育管理的对象是大学生,而大学生则有着显著的差异和鲜明的个性。他们各有其特殊的精神世界和思想感情,有着不同的气质、性格、兴趣、爱好和习惯。即使是同一个年级、同一个专业、同一个班级的学生,由于他们每个人都有各自特殊的生活条件和生活经历,他们的思想行为也各有特点。同时,随着自主意识的增强,大学生普遍崇尚个性,追求个性的自由发展和完善。对同一学生而言,在成长变化不同的历史时期有着不同的特点。因此,高校学生教育管理就不可能按照完全统一的要求、规格和程序来进行,而要善于根据大学生的个性特点因人制宜、因势利导,有针对性地开展工作,这就使高校学生教育管理具有了特殊的复杂性。

(3)影响大学生成长的因素是复杂的

高校学生教育管理的目的是要促进大学生的健康成长,而影响大学生成长的不仅有学校教育因素,还有外部环境因素。外部环境的构成因素是复杂的,现实世界中,所有与大学生的学习、生活、活动和交往有关的环境因素都会或多或少地对大学生的成长产生影响。其中,有社会的因素,也有自然的因素;有物质的因素,也有精神的因素;有经济的、政治的因素,也有文化的因素;有国际的、国内的因素,也有家庭的、学校周边社区的因素;有现实的因素,也有历史的因素。尤其是随着现代信息技术的迅猛发展,世界越来越紧密地联系在一起,大学生可以方便快捷地获取来自世界各地的信息,因而,影响大学生思想行为及其成长的环境因素也就更为广泛,更为复杂。

4.显著的专业特色

高校学生教育管理传统上是经验性的事务性工作,但由于高校学生教育管理有其特殊的管理对象、特殊的内在规律和特有的方法体系,决定了必须形成高校学生教育管理专业视角、使用专业方法、形成专业研究模式。所以,大学生工作管理是专业性很强的工作。

(1)高校学生教育管理有其特殊的管理对象

高校学生教育管理的对象是大学生,而大学生有着区别于一般管理对象的显著特点。

第一，大学生是具有高度自觉能动性的人。大学生具有强烈的自主意识、突出的独立意向和较高的智力发展水平，崇尚独立思考，要求自主自治。在大学生管理过程中，大学生不仅仅是接受管理的对象，也是积极活动的主体，对于管理的要求和规章，对于管理者施加的指导和督促，他们总要经过自己的思考，做出自己的评价、选择和反应，更重要的是，他们还会主动积极地参与管理活动中，自觉地接受管理和实行自我管理。这就要求在高校学生教育管理中必须着力激发和引导大学生的自觉能动性，使他们能够自觉地顺应高校学生教育管理的目标和要求，主动接受管理，积极开展自我管理。

第二，大学生是正处于成长和发展关键时期的人。他们的心理日趋成熟但未完全成熟。这个时期，他们的智力迅速发展，情感日益丰富，自我意识显著增强，但又存在着诸如理智与情绪的矛盾、自我期望与自身能力的矛盾等心理矛盾。他们正处于思考、探索和选择之中，世界观、人生观和价值观正在形成，思想活动具有显著的独立性、敏感性、多变性、差异性和矛盾性。他们即将走上社会，正在做进入职场、全面参与社会劳动实践的最后准备。

可见，大学生有着既不同于少年儿童、又区别于成人的特点。同时，也正由于大学生还处于趋向成熟的过程之中，因而在他们身上又蕴藏着各个方面发展的极大的可能性，有着发展的巨大潜力。这就要求在高校学生教育管理中要针对大学生的特点，切实加强并科学实施对大学生的指导和服务，以促进他们的健康成长，并使他们的身心获得最佳发展。

第三，大学生是以学习为主要任务，并在教师的指导下进行自主学习的人。大学生的主要职责是学习，大学生的学习是由教师指导的、按照一定的制度和规定有目的、有计划、有组织地进行的。同时，大学生可以按照学校的有关规定自主地选修课程，自主地支配大量的课外学习时间。因而，大学生的学习不仅需要掌握科学的学习方法，而且需要高度的学习自觉性和有效的自我管理。这就要求大学生管理紧紧围绕大学生的学习任务,切实加强对大学生学习行为的指导和管理。

(2)高校学生教育管理有其特殊的内在规律

这是由高校学生教育管理自身的特殊矛盾决定的。高校学生教育管理的特殊矛盾就是社会基于对专门人才的需要而对大学生在行为方面的要求与大学生行为实际状况之间的矛盾。这一矛盾存在于一切高校学生教育管理的活动之中,贯穿一切高校学生教育管理过程的始终,决定着高校学生教育管理的全局,它构成了高校学生教育管理的基本矛盾,也是高校学生教育管理区别于其他社会实践活动的特殊矛盾。高校学生教育管理就是为解决这一矛盾而专门进行的特殊社会实践活动。因此,高校学生教育管理作为一种管理活动,固然要遵循管理的一般规律,但又有其区别于其他管理活动的特殊规律。这就需要对高校学生教育管理的特殊规律,进行专门的探索和研究,高校学生教育管理理论研究的任务就是要揭示高校学生教育管理的特殊规律。

(3)高校学生教育管理有其特有的方法体系

高校学生教育管理所具有的特定的管理对象和特殊的管理规律决定了高校学生教育管理有其特有的方法体系。由于高校学生教育管理工作涉及面极其广泛,具有很强的综合性,因而需要掌握管理学、教育学、心理学、社会学等多方面的理论方法和技术。高校学生教育管理的方法体系需要在系统掌握这些学科理论、方法和技术的基础上,针对大学生的特点,依据高校学生教育管理的特殊规律和具体实际,把它们有机地结合起来加以综合运用,从而形成自己特有的方法体系。

(三)高校学生教育管理的目标分析

高校学生教育管理目标是一定时期内实施高校学生教育管理活动所要达到的预期结果。大学生管理目标是高校学生教育管理过程的指向、核心和归宿,规定着高校学生教育管理的方向和任务,制约着高校学生教育管理的手段和方法。科学地确定并正确地把握高校学生教育管理的目标,是实施高校学生教育管理的前提,是提高高校学生教育管理效益的关键。

1.确定高校学生教育管理工作目标的依据

高校学生教育管理工作目标作为高校学生教育管理活动所要达到的预期结果,其形式是主观的,但它的确定是围绕高等学校的人才培养目标,依据社会发展的客观要求和大学生自身发展的客观需要而制定出来的。

高等学校的人才培养目标是确定高校学生教育管理目标的直接依据。高等学校的人才培养工作是一个十分复杂的系统工程,高校学生教育管理作为这一系统的重要组成部分,其目的就是要通过为大学生提供各种指导和服务,保证学校人才培养目标的实现。因此,高校学生教育管理目标的确定也就必然要以高等学校的人才培养目标为依据。实际上,高校学生教育管理目标也就是高等学校人才培养目标在高校学生教育管理领域中的体现和具体化。

社会发展的客观要求是确定高校学生教育管理目标的根本依据。这是因为高等学校的人才培养目标归根到底是由社会发展的客观要求决定的。同时,大学生发展的基本趋势和总体状况归根到底取决于社会发展的状况及其对人才素质的客观要求,而高校学生教育管理的实质就是要引导和帮助大学生充分利用社会所提供的各种条件发展和完善自己,以适应社会发展的客观要求。全面建设社会主义现代化国家,实现中华民族伟大复兴,需要德智体美劳全面发展的专门人才,我国社会主义事业发展的这种客观要求是制定高校学生教育管理目标的根本依据。

大学生自身发展的需要是确定高校学生教育管理目标的重要依据。高校学生教育管理目标的确定,在主要依据社会发展需要的同时,还应当兼顾大学生自身发展的需要。

首先,大学生是正处于发展之中的、具有鲜明个性的人。他们都有自己的思想感情、兴趣爱好和理想追求,都有丰富和发展自己的迫切需要。社会主义和共产主义的本质也就是要使人的个性得到充分、自由发展。因此,高校学生教育管理的目标也就必然要体现大学生自身发展的需要。

其次,大学生既是管理的对象,又是能动的主体。高校学生教育管理目标能否实现,关键就看它能否激发大学生自我管理的主动性和积极性。为此,高校学生教育管理目标就必须体现大学生受教育者自身发展的需要。只有这样,外在的管理目标才能转化为大学生自身的内在追求,从而激励大学生自觉地开展自我管理,不断地奋发努力。

2.高校学生教育管理的目标体系

高校学生教育管理目标按其地位和作用范围可以分为总目标和分目标。大学生管理的总目标是高校学生教育管理的全部活动所要达到的预期结果,高校学生教育管理的分目标则是各个领域、各种层次以及各个阶段的高校学生教育管理活动分别所要达到的预期结果。总目标是分目标的基本依据,分目标是总目标的分解和具体化;总目标调节和控制着分目标的执行,总目标的实现又有待各个分目标的实现。大学生管理的总目标和分目标相互联系、相互作用,构成了高校学生教育管理的目标体系。

维护高等学校正常的教育教学秩序和生活秩序是高校学生教育管理的直接目标,任何管理活动的直接目标或第一个目标都是建立和维护组织的正常秩序。事实上,管理活动的产生首先就是为了规范和协调人的行为,使组织的各项活动能够围绕组织的目标,按照一定的制度和规定有条不紊地进行。这就像一个乐队总要有一个指挥,而指挥的目的首先就是要使乐队全体成员的演奏都能够按照乐谱的规定和要求有序地进行。同样,高校学生教育管理的直接目的也就是要引导、规范和调控大学生的行为,建立和维护高等学校正常的教育教学和生活秩序,以使学校的各项教育教学活动和学生的学习与生活能够有序地进行。

保障学生的身心健康是高校学生教育管理的基本要求,身心健康包括生理健康和心理健康的有机统一。

生理健康是心理健康的物质基础,心理健康是生理健康的精神支柱。身心健康是人的全面发展的基础和内在要求。保障大学生的身心健康是培养社会合格人才的内在要求,是大学生自身成长成才的迫切需要。

随着社会经济的发展,特别是涉及大学生切身利益的各项改革措施的实行,大学生面临的社会环境、家庭环境和学校环境日益纷繁复杂,面临的学习、就业、经济和情感等方面的压力越来越大,因此,加强高校学生教育管理为大学生的学习、就业和日常生活提供了必要的指导和服务,保障大学生的身心健康也就具有尤为重要的意义。

促进学生德智体美劳全面发展是高校学生教育管理的根本目标。培养全面发展的人历来是具有远见卓识的教育家们追求的理想目标,马克思、恩格斯科学地揭示了人的全面发展的内涵和历史必然性,创立了关于人的全面发展的理论。培养德智体美劳全面发展的社会主义建设者和接班人是高等学校人才培养的目标。高校学生教育管理作为高等学校人才培养体系的重要组成部分,当然要为实现这一目标服务,以促进学生德智体美劳全面发展为自身的根本目标。

高校学生教育管理的分目标具有复杂多样性,主要有以下几种类型。

(1)按高校学生教育管理的工作内容而确定的分项管理目标

高校学生教育管理是一个复杂的系统工程,具有多方面的工作内容,包括大学生行为管理、大学生群体管理、大学生安全管理、大学生资助管理和大学生就业管理等。这就需要把大学生管理的总目标细分到各个具体工作领域之中,以形成各项管理工作的具体目标,从而通过各项具体目标的达成,以实现学生管理的总目标。具体来说,大学生行为管理的目标是引导大学生自觉践行大学生行为规范,养成良好的行为习惯;大学生群体管理的目标是引导大学生群体形成体现大学精神、积极向上的群体文化,开展丰富多彩、健康有益的群体活动,充分发挥对大学生成长成才的积极作用;大学生安全管理的目标是维护学校稳定,保障学生安全,建设平安校园;大学生资助管理的目标是为一些经济条件不足的大学生提供基本的经济保障,促进他们健康成长和顺利成才;大学生就业管理的目标是引导毕业生树立正确的就业观念,增强职场竞争能力,帮助他们顺利找到合适的职业岗位。

(2)按大学生培养过程的不同阶段而确定的阶段性管理目标

大学生的培养过程具有明显的阶段性,各个阶段具有各自的工作重点,而不同学习阶段的大学生也各有其自身的特点。这就需要依据高校学生教育管理的总目标和大学生培养过程的内在规律性,科学地确定各个阶段高校学生教育管理的具体目标,并使之环环相连、紧密衔接、循序渐进。就本科生管理而言,在一年级应注重引导学生实现角色转换,尽快适应大学的学习和生活。在二年级应注重引导学生依据社会需要确定自己的奋斗目标,对未来的职业生涯做出初步规划,全面提高自己的知识素养和能力,有目的地发展自己的兴趣和特长。在三年级应注重引导学生认识自身素质与社会需求的差距,抓紧时机,完善自己,提升自我。在四年级应注重引导学生客观全面地分析自身情况,为就业或深造做好充分准备。

(3)按高校学生教育管理主体的具体分工而确定的具体工作目标

高校学生教育管理目标的实现有待所有学生管理部门和全体学生管理工作者的共同努力。在高校学生教育管理工作系统中,每一个部门、每一位管理者都有其特定的工作领域和工作职责。为了充分发挥所有部门和全体管理者的作用,并使他们紧密配合、形成合力,就要把高校学生教育管理的总目标层层分解并落实到各个部门和各位管理者,形成部门和管理者的具体工作目标。如学生工作部(处)工作目标、学校团委工作目标、教务处学生管理工作目标、学生会工作目标、辅导员及班主任工作目标等,并使他们各司其职,相互配合,形成管理合力。只有这样,才能引导和协调学校中各个方面的力量,以保证高校学生教育管理总目标的实现。

二、高校学生教育管理的价值

(一)高校学生教育管理价值释义

高校学生教育管理的价值是指高校学生教育管理对社会、高等学校和大学生所具有的作用和意义,也就是高校学生教育管理的属性和功能对社会进步、高等学校发展和大学生成长、成才需要的满足。

高校学生教育管理价值的客体是高校学生教育管理本身。高校学生教育管理具有对大学生的成长和发展、对高等学校实现教育目标、对培养社会合格人才发挥作用的属性与功能,正是高校学生教育管理的这些属性和功能构成了高校学生教育管理价值的基础。

高校学生教育管理价值的主体是社会、高等学校和大学生。高等学校是高校学生教育管理的实施者,高等学校之所以要实施高校学生教育管理,就源于实现教育目标的需要,而高校学生教育管理则具有能够满足这种需要的属性和功能,因此,高等学校也就成为高校学生教育管理价值的主体。同时,高等学校的教育目标又是依据社会对专门人才的要求和大学生自身发展的需要制定的,因此,社会和大学生也都成为大学生管理的主体。高校学生教育管理价值所体现的也就是高校学生教育管理的属性和功能对社会、高等学校和大学生需要的满足关系。

(二)高校学生教育管理价值的特点

1.直接性与间接性

就其作用的形式而言,高校学生教育管理对其价值主体的作用,有直接作用和间接作用。因而,高校学生教育管理价值也就具有直接性和间接性的特点。高校学生教育管理价值的直接性是指高校学生教育管理能够不经过中介环节而直接作用于价值主体,以满足其一定的需要。一般说来,高校学生教育管理对大学生的影响和作用往往是直接发生的。高校学生教育管理价值的间接性是指高校学生教育管理需要通过一定的中介环节而间接作用于价值主体,以满足其一定的需要。一般来说,高校学生教育管理对社会的影响和作用往往就是通过对大学生的影响和作用而间接地发生的。

2.即时性与积累性

高校学生教育管理价值的即时性是指高校学生教育管理活动在短时间内就能够迅速达到目标,从而满足价值主体的某种需要。高校学生教育管理价值的积累性是指高校学生教育管理往往要经过一个相当长的过程,通过长期的工作积累,才能达到目标,从而满足价值主体的需要。

3.受制性与扩展性

高校学生教育管理价值的受制性是指高校学生教育管理价值的实现要受到其他因素的影响。这是因为,高校学生教育管理价值就是对大学生成长成才的作用和意义,而大学生的成长成才则还要受到高等学校内部其他因素和外部环境因素的影响。因而,高校学生教育管理在大学生成长成才中作用的发挥也就必然要受到其他因素的制约。

高校学生教育管理价值的扩展性是指高校学生教育管理可以通过大学生的活动和影响对高等学校内部其他工作和外部环境因素发生作用,从而使自身价值得到扩展。

4.系统性与开放性

高校学生教育管理价值的系统性是指高校学生教育管理的价值是一个由多种维度、多种类型的内容构成的有机整体。按价值的主体,可分为社会价值、高校集体价值和个体价值。社会价值是高校学生教育管理对社会运行和发展的作用和意义;高校集体价值是高校学生教育管理对高等学校运行和发展的作用和意义;个人价值是高校学生教育管理对大学生个体成长和发展的作用和意义。按价值存在的形态可分为理想价值和现实价值。理想价值是高校学生教育管理价值的应有状态,即高校学生教育管理所追求的最终价值;现实价值是高校学生教育管理的实有状态,即在现实条件下已经实现或正在实现的价值。还可以按价值的性质分为正向价值和负向价值;按价值的大小分为高价值和低价值;等等。高校学生教育管理价值就是由上述各种价值组成的系统。

高校学生教育管理价值的开放性是指高校学生教育管理的价值会随着价值主体的需要和大学生管理功能的变化、发展而变化、发展。随着社会的发展,高校学生教育管理服务对象的需要在变化发展,这就必然会促使高校学生教育管理的功能发生相应变化和发展,从而使高校学生教育管理的价值得到增强和拓展。

(三)高校学生教育管理的社会价值

高校学生教育管理的社会价值是指高校学生教育管理对社会运行与发展的作用和意义,即高校学生教育管理的属性和功能对社会运行与发展需要的满足。在党的坚强领导下,全面贯彻党的教育方针,坚持马克思主义指导地位,坚持中国特色社会主义教育发展道路,坚持社会主义办学方向,培养德智体美劳全面发展的社会主义建设者和接班人。

1.培养合格人才的重要手段

中国特色社会主义事业的发展需要数以亿计的高素质的劳动者、数以千万计的专门人才和一大批拔尖创新人才。高等学校是人才培养的重要基地,其中心任务就是要为中国特色社会主义建设培养合格的专门人才。而高校学生教育管理则是高等学校人才培养工作的重要手段,在培养合格人才中发挥着不可或缺的重要作用。

(1)维护正常的教育教学秩序

高等学校的教育教学活动总是按照一定的制度和规章有目的、有计划、有组织地进行的,建立和维护正常的教育教学秩序是高等学校教育教学工作的内在要求和基本条件。这就需要有严格的、科学的管理,包括高校学生教育管理。高校学生教育管理是建立和维护正常的教育教学秩序的重要保证。

（2）激励、指导和保障学生的学习行为

高等学校教育教学的过程是教师与学生双向互动、"教"与"学"辩证统一的过程。其中，"教"是主导，"学"是关键。学习是大学生的主要任务，是大学生能否成为合格人才的关键，而大学生管理则对大学生的学习行为起着重要的激励、指导和保障作用。

（3）培养学生的思想品德

全面建设社会主义现代化国家所需要的合格人才，不仅要具备良好的专业知识和能力素养，还要具备良好的思想品德。培养大学生良好的思想品德，不仅需要深入细致的思想政治教育，还需要有效的管理。

2. 构建和谐社会的内在要求

实现社会和谐始终是人类孜孜以求的社会理想，也是中国共产党和中国人民不懈奋斗的重要目标。高校学生教育管理作为对大学生这一特殊社会群体提供引导和服务的社会活动，在构建社会主义和谐社会中发挥着特有的重要作用，具有特殊的重要价值。

第一，高校学生教育管理是维护社会稳定、实现社会安定有序的重要保证。

切实加强高校学生教育管理，正确引导大学生的社会活动和政治行为，妥善解决大学生在学习、生活、交往和就业中碰到的各种矛盾和问题，及时处理大学生中发生的各种突发事件，以保持高等学校的稳定，对维护社会稳定，实现社会安定有序具有特殊的重要意义。

第二，高校学生教育管理是构建和谐校园的重要手段。

高等学校是现代社会中不可或缺的重要社会组织，担负着培养人才、推进科技进步、传播先进文化的重要任务。构建和谐校园既是构建社会主义和谐社会题中应有之义，也是推进高等学校科学发展的内在要求。加强高校学生教育管理，引导和组织大学生积极发挥在和谐校园建设中的主体作用是构建和谐校园的重要保证。

只有通过高校学生教育管理，建立和维护学校正常的教育教学秩序和生活秩序,加强学生的安全教育和管理,保障学生的身心健康,有效地预防和妥善地处理学生中的突发事件,努力建设平安校园,才能使校园实现安定有序。也只有通过高校学生教育管理,引导和督促学生自觉维护校园环境,节约使用水、电等各种资源,才能使校园成为人与自然和谐共处的生态校园。

第三,高校学生教育管理是促进大学生集体和谐发展的重要手段。

大学生集体的和谐发展不仅直接关系着大学生个体的健康成长和全面发展,也直接关系着高等学校的和谐稳定和科学发展。高校学生教育管理内在地包含着对大学生集体的管理,因而在促进大学生集体和谐发展中具有十分重要的作用。

(四)高校学生教育管理的个体价值

高校学生教育管理的个体价值是指高校学生教育管理对大学生个体成长与发展的作用和意义,即高校学生教育管理的属性和功能对大学生个体成长与发展需要的满足,主要体现在以下三个方面。

1.引导方向

第一,引导价值取向。价值取向是指人们基于自己的价值观在面对或处理各种矛盾、冲突、关系时所持的基本价值立场、价值态度以及所表现出来的基本价值倾向。价值取向决定和支配着人的价值选择,制约着人们思想和行为的方向。因此,引导大学生掌握社会主义核心价值体系,坚持正确的价值取向,有着尤为重要的意义。如前所说,鲜明的价值导向是高校学生教育管理的一个显著特点。大学生管理通过坚持和贯彻体现社会主义核心价值体系的管理理念,制定和执行以培养社会主义建设合格人才为根本宗旨的管理目标体系和管理规章制度,对大学生的价值取向发挥重要的引导作用。

第二,引导业务发展方向。引导大学生制定出既符合社会需要、又符合自身实际的奋斗目标,明确业务发展的方向,可以督促他们把自己的主要精力和时间投入实现既定目标的业务学习和实践活动之中,从而促进他们早日成才。大学生管理在引导大学生业务发展方向方面的作用集中表现在:通过对学生学习活动的指导,引导学生根据相关专业的要求和自己的兴趣爱好,确定专业学习的目标,从而明确在专业学习方面努力的方向;通过对大学生职业生涯规划的指导,引导学生根据社会需求、职业发展的趋势和自身的主观条件与愿望,确定自己的职业理想,从而明确自己职业生涯发展的方向。

2.规范行为

高校学生教育管理的一项重要任务就是要科学制定和严格执行各项管理规章制度和纪律,以规范大学生的行为,促进其形成文明的行为方式和良好的行为习惯。大学生管理在规范大学生行为方面的作用主要是通过以下三种路径实现的。

第一,加强制度建设。制度建设是高校学生教育管理的重要内容。高校学生教育管理中的制度建设就是要依据社会发展要求、人才培养目标和大学生健康成长与发展的需要,科学制定和不断完善各项规章制度,使大学生明确应该做什么、不应该做什么,应该怎么做、不应该怎么做,并引导和督促大学生用于规范自己的行为,逐步形成文明的行为方式。2017年教育部修订的《普通高等学校学生管理规定》以及相关文件是现阶段高校学生教育管理的基本规章制度,为规范大学生行为提供了基本的规定和准则。

第二,严格纪律约束。纪律是一定的社会组织为实现组织目标而要求其全体成员必须共同遵守并赋予组织强制力的行为规范。它是建立正常秩序、维系组织成员共同生活的重要手段,是完成各项任务、实现组织目标的重要保证,因而成为高校学生教育管理中不可或缺的重要手段。在高校学生教育管理中,通过严格执行学习、考试、科研、集体活动、校园生活、安全保卫等各个方面的纪律,以约束和调整学生的行为,并对违纪行为及时做出恰当的处罚可以有效地引导和规范学生的行为,促进其良好行为习惯的养成。

第三,引导自我管理。自我管理是高校学生教育管理的重要路径。自我管理的一项重要内容就是要启发学生的自觉性和主动性,引导学生自觉遵守管理制度,主动地用体现社会要求的大学生行为准则规范自身行为,实行自我约束和自我监督。这种自我约束和自我监督既表现在大学生个体的自我管理中,也体现在大学生群体的自我管理中。在大学生班级、寝室、社团等群体的管理中,充分发挥学生的主体作用,引导学生在民主讨论的基础上,形成全体成员共同遵守的规章制度,并相互监督执行,不仅有助于营造良好的群体氛围、实现群体的目标,而且有助于提高全体成员规范和约束自己行为的自觉性。

3. 开发潜能

人的潜能是指人所具有的有待开发、发掘的处于潜伏状态的能力。它包括人的生理潜能、智力潜能和心理潜能。人的潜能是人的现实活动力量的潜伏状态和内在源泉,人的能力的发展,在一定的意义上,也就是开发潜能使之转化为现实活动力量即显能的过程。人的潜能是巨大的,人的潜能的开发具有十分广阔的前景。大学生正处于成长和发展的关键时期,着力开发他们身上所蕴藏的丰富潜能,将他们内在的潜能转化为从事社会建设的实际能力和现实力量,是大学生培养工作的重要任务。高校学生教育管理作为大学生培养工作的重要组成部分,在开发大学生内在潜能方面发挥着不可或缺的作用。高校学生教育管理在开发大学生潜能方面的作用,主要是通过以下三种途径实现的。

第一,指导学习训练。学习和训练是开发潜能的基础。只有通过系统的学习和训练,掌握必要的知识和方法,才能使潜能得到正确的、有效的发挥。大学生管理通过对大学生的学习活动的管理和指导,引导大学生确立正确的学习目的,掌握科学的学习方法,不仅可以充分发掘大学生在学习方面的潜能,以提高他们的学习能力,而且可以促进大学生系统地掌握专业理论知识和方法,从而使他们在专业方面的潜能得到开发和发展。

第二,运用激励机制。激励是开发潜力的重要手段。通过激励可以充分调动人的主观能动性,打破安于现状的消极心态,振奋人的精神,转变人的态度,激发人的兴趣,调整人的行为模式,从而达到开发潜能的目的。而激励则是大学生管理的重要手段。高校学生教育管理运用激励机制,通过引导学生明确努力方向和成才目标,奖励成绩优异、表现突出的学生,可以调动大学生的主动性和积极性,激发他们奋发向上的进取精神,从而促进他们不断地开发自身内在的潜能。

第三,组织实践活动。实践是潜能转化为显能的中介和桥梁。人的潜能只有在实践中才能逐步显现出来,得到实际发挥,从而转化为显能。高校学生教育管理通过支持和指导学生的社团活动和社会实践活动,鼓励和引导学生的科技服务和科技创新活动等,可以为大学生提供丰富多样的参与实践活动的机会,使他们的潜能在实践中得到开发和发展。

第五节 高校学生教育管理的原则和理念

一、高校学生教育管理的原则

高校学生教育管理的原则是在高校学生教育管理过程中必须遵循的基本准则。高校学生教育管理原则确定的主要依据是高校学生教育管理的内在规律、实践经验及党的路线、方针、政策。新形势下,高校学生教育管理主要包括方向性、激励性、发展性和自主性等基本原则。

(一)方向性

高校学生教育管理坚持方向性原则是涉及培养什么人、如何培养人的根本性问题。高校学生教育管理是高校办学的重要方面,是学校育人环节的重要一环,社会主义大学的主要目标是培养合格的社会主义事业建设者和可靠接班人,高校学生教育管理工作直接影响这一目标的实现。

方向性原则是指确定高校学生教育管理的目标、进行高校学生教育管理活动要与高校育人工作的总目标一致,要与党和国家的教育方针、规范、政策和法律法规中规定的教育目标、管理目标等一致。方向性原则是高校学生教育管理中具有决定意义的基本原则。只有坚持这一原则,才能促进高校学生教育管理沿着高等教育育人工作的总目标发展,才能保证高校学生教育管理的正确方向,才能有利于培养全面发展的社会主义事业建设者和接班人。坚持方向性原则是高校学生教育管理的社会属性决定的,也是我国高校学生教育管理历史经验的总结。

(二)激励性

激励性原则是指高校学生教育管理中利用一定的物质手段或精神手段,引导学生思想行为的变化,调动学生的积极性、创造性,使学生的潜能得到最大限度发挥,从而实现管理目标的基本准则。在高校学生教育管理中,恰当运用激励性原则,将使管理活动更容易被学生接受,更利于实现管理的目标。

激励的效果取决于在激励过程中采取的手段、方式能否针对大学生的发展实际,能否满足大学生的需要,能否在大学生内心形成自我激励的内在动力等。因此,在高校学生教育管理中贯彻激励性原则,需要做到以下三个方面。

第一,运用正向激励手段。高校在学生管理过程中科学、合理地运用激励机制,有助于调动大学生的能动性和创造性,改变大学生的观念、行为。正向的激励主要有两种:一种是物质上的,主要指金钱或是实物。物质利益的需求和满足是人生存和发展的一个必备条件。对学生进行一定的物质激励,有助于调动学生的积极性、主动性。另一种是精神上的,主要指通过各种形式的表扬,给予一定的荣誉。正向的激励有助于学生将外部的推动力量转化为自我奋斗的动力,充分发挥自身潜能,从而有效地激励学生成长成才。在高校学生教育管理中,要协调好物质激励和精神激励的关系,依据学生的实际采取相应的激励手段,确保管理效果。

第二,在管理中树立典型,通过榜样进行激励。榜样使人有目标、有方向。因此,要善于树立榜样、培养榜样、宣传榜样,并鼓励学生学习榜样、争做榜样、成为榜样。

第三,采取情感激发的方式。情感是人格发展的诱因,是青年追求美好生活的动力。要确保管理目标的实现,一般都要有感情的催化。当管理者与学生平等对待、敞开心扉、愉快相处时,管理活动就比较容易开展。管理者不仅要以制度约束人,而且要以真情感染人,注重沟通,用欣赏的眼光看待学生,使每一个学生的需求得以尊重,困惑得以解决,特长得以发挥。

(三)发展性

高校学生教育管理坚持发展性原则,具体包括两个方面:一是管理工作本身要不断发展;二是通过管理促进学生的全面发展。从管理工作本身来看,随着我国政治、经济、文化的不断发展,社会生活发生了复杂而深刻的变化,高校学生教育管理工作的形势、环境、对象、任务发生了极大改变,这就要求管理的体制、机制不断变化,管理方式、目标、途径及时调整,以确保高校学生教育管理工作的实效。

在通过管理促进学生全面发展方面,关键要做到以下三点。

第一,要树立发展意识。思想是行动的先导,有什么样的发展理念,就会有与之相应的管理方式和结果。高校学生教育管理坚持发展性原则必须转变传统的观念,要有意识地把学生全面发展作为管理活动开展的前提。在高校学生教育管理中,牢固树立促进学生全面发展的责任感和紧迫感,以新的发展观念指导管理决策,设计管理计划,谋划学生的全面发展。

第二,要不断推动管理创新。通过管理促进学生全面发展,需要同时注重管理本身的发展,而管理的发展实际上是创新。服务于学生全面发展的管理创新就是在遵循高校学生教育管理规律的基础上与时俱进,坚持继承与创新相结合,创造性地开展工作,促进学生全面成长和成才,创新高校学生教育管理工作成为时代和社会赋予的重任。

第三,要统筹各方面的资源,形成促进学生发展的合力。实践证明,把职业生涯规划、生活帮扶、大学生就业指导、心理辅导等贯穿管理始终更易于发挥学生的主观能动性,激发学生的创造性,从而促进学生的发展。要理顺学校各管理部门关系,通过部门间的相互协调、相互联系,从而将组织内部各个要素联结成一个有机整体,使人、财、物、信息、资源等得以最佳配置,形成促进学生发展的合力。

(四)自主性

自主性原则是指高校在进行高校学生教育管理时,使大学生参与管理过程中,进行民主管理,充分调动大学生的积极性和创造性,实现自我管理和自我服务。高校学生教育管理遵循自主性原则是由两方面决定的。一方面,有利于育人目标的实现。管理的目标是育人,这就要求将外在的行为规范转化为内在的思想观念,从而支配管理对象的行为。另一方面,有利于满足学生自主管理的现实需求。随着我国社会主义市场经济体制的不断完善,高等教育逐步走向经济社会发展的前台,市场经济的自主、平等、竞争、法治精神对高校师生的影响不断深化,大学生自主意识不断增强。大学生渴望在各项事务管理中充当主角,充分发挥主观能动性,实现自我管理、自我服务。

高校学生教育管理中坚持自主性原则要做到以下三点。

第一,唤醒学生的自主管理意识。在高校学生教育管理过程中,要营造轻松、愉快、快乐的氛围,使学生的自主需求得到尊重;同时,要使学生体会到自主管理的成就感,享受自主管理收获的成果。

第二,打造学生自主管理的平台。辅导员要抓好班委会、团支部、学生会等以学生组织为载体的自主管理平台,增强凝聚力、吸引力,建立定期流动机制和激励机制,充分保证学生广泛地参与自主管理中。作为辅导员,要敢于充分"放权",敢于把高校学生教育管理工作交给学生,实现学生的自我管理、自我服务。

第三,加强对学生自主管理的指导。自主管理不等于放任自流,必须加强自主管理的指导,才能保证管理的方向和实效。保证管理的方向和实效有四方面的内涵,即明确方向,定准目标,告诉学生工作要达到的程度和要取得的效果;定好标准,明确思路,告诉学生怎样开展工作;做好监督,对学生任务执行情况进行跟踪观察,时刻关注工作进展情况;及时反馈,帮助学生及时调整方向,确保学生工作在正确的轨道上进行。

二、高校学生教育管理的理念

高校学生教育管理的基本理念是对高校学生教育管理规律的认识和对实践经验的高度概括,是高校学生教育管理必须遵循的基本指导思想。高等学校要以培养人才为中心,按照国家教育方针,遵循教育规律,不断提高教育质量;要依法治校,从严管理,健全和完善管理制度,规范管理行为;要将管理与加强教育相结合,不断提高管理水平,努力培养社会主义合格建设者和可靠接班人。因此,高校学生教育管理应该坚持人本管理、科学管理、依法管理的基本理念。

(一)人本管理

理性化和人性化一直是管理发展中的两条重要线索。人本管理的思想要求在管理活动中始终把人放在中心位置。在手段上,着眼于所有成员积极性的发挥和人力资源的优化配置;在目的上,追求人的全面发展以及由此带来的效益的最优化。

在高校学生教育管理工作中,坚持人本管理理念就是要以学生为本,要树立现代学生观,尊重学生的主体地位,促进学生的个性化发展,实现学生的多样化评价;在实际工作中尊重学生的主体性、差异性、丰富性、独特性,把学生当作有血有肉、有生命尊严、有思想感情的人;以学生成长成才为中心,真正尊重学生、理解学生、关心学生、引导学生。

首先,尊重学生主体需求,促进学生成长成才。要区分不同类型、不同层次学生的特点和需求,分层次、分阶段做深入细致的教育、管理和服务工作,建立起帮助学生成长、解决学生困难、方便学生办事、维护学生权益的高校学生教育管理工作体系,让学生受到最好的教育。为此,高校学生教育管理工作必须从学生的需求出发,把工作的需求与学生的成长成才需求紧密结合,把学生的当前需求与长远需求紧密结合,把学生个人的需求与群体的需求紧密结合,把表面的物质需求与深层次的精神需求紧密结合,努力培养德才兼备、品学兼优、知行合一的社会主义建设者和可靠接班人。

其次,体现学生的主体参与,实现学生的自主发展。具体来说,就是要充分发挥学生的主体作用,引导学生参与管理实践,使学生成为管理的主人。学生参与管理的主要平台有学生会、班委会、团支部、社团联合会等学生组织,可以通过学生干部定期换届等方式,努力让每个学生都有机会参与管理。在就业管理、安全管理、资助管理等工作中,也要充分调动学生的积极性,引导学生参与相关政策的制定和实施,真正实现管理依靠学生。

最后,实行民主管理。推行民主管理,尊重学生的主动性和首创性是人本理念的重要体现。为此,不仅要增强管理者和学生的民主管理意识,更要完善民主选举、决策和监督等民主管理运行机制,畅通民主管理渠道。

(二)科学管理

科学管理的实质在于将实践积累的管理经验标准化、系统化、科学化,用科学管理代替经验管理。科学管理的主体思想包括三个方面:①提高劳动生产率是科学管理的中心问题,是确定各种科学管理原理和方法的基础;②在管理实践中建立各种明确的规定、条例、标准,使管理科学化、制度化是提高工作效能、达到最高工作效率的关键;③科学管理不仅在于具体的制度和方法,而且在于重大精神的变革。

高校学生教育管理工作中的科学管理,特征是规范化、制度化和模式化,其价值核心在于提高学生管理的效率,强调建立完备的组织机构、详细的工作计划、严格的规章制度、明晰的职责分工、程序化的管理模式和采用物质激励以及纪律约束与强制。在这种管理方式下,大学生的学习模式、纪律制度、行为准则、运作程序都实现了规范化;信息传递、各项学习生活实现了程序化,能够最大限度地导引学生接受正确的价值取向,实现管理效能的最大化。

首先,要用科学完备的制度规范引导人。养成良好的行为习惯是学生成才的重要维度,为此要大力加强高校学生教育管理的制度文化建设,建立科学、人性的高校学生教育管理体制体系。

其次,要构建平等和谐的师生关系,在师生互动中实现管理的和谐。管理者应是积极的引导者和平等的协商者,管理者要以学生为友,平等地与学生交流,尊重学生的个性,真诚地为学生提供学业指导、生活帮扶和心理辅导。管理者尤其是辅导员教师,要在管理过程中创造性地展示自己的才华,在与学生交往、交流中实现自己的理想与人生价值,真正做到互为主体、教学相长。

最后,要建立一体的化工作体制机制和运行模式。加强学生工作机构的建设,强化其组织协调功能,理顺学生管理系统各部门、各层次、各岗位的职责权限关系,使管理工作与教学工作、课堂内的管理与课堂外的管理、学院与机关、机关各职能部门以及各管理者之间坚持统一标准,形成合力,互相促进。

(三)依法管理

依法管理是依法治国方略在高校的具体体现。高校学生教育管理中强调依法管理是指高校学生教育管理必须以法律为依据,符合法律要求。也就是说,高校学生教育管理过程中的决策、计划、组织和控制都必须纳入法律轨道,不能违法违规。大学生管理坚持依法管理是高校学生教育管理自身的发展需求。

首先,要增强法律意识,加强法律知识学习。作为高校学生教育管理者,不仅自身要认真学习这些法律条文,深刻理解,做到关键问题心中有数,疑难问题随时查询,同时,还要注意引导学生积极学习各种常用的教育法律、法规和规章,了解自己的合法权利、义务,增强依法维权和依法履行义务的意识,养成良好的学法、守法的习惯,为学生适应社会、推动国家法治建设夯实基础。

其次,要以法律为准绳,依法制定适合学校实际的内部具体规章制度。目前,高校学生教育管理的一般性法律法规已经比较健全,但是不同类型、不同层次、不同地区的高校有着不同的学生管理具体实际,需要按照《普通高等学校学生管理规定》等相关法律法规,制定适合学校实际的内部具体规章制度。

最后,要严格遵守法律法规。要把对学生的规范管理与对学生合法权益的有效维护结合起来,既要严格要求,又要充分尊重和平等对待。尤其是在处理违规违纪学生时,一定要做到事实清楚、证据确凿,使用法律法规正确恰当,处理程序符合相关法律规定,做到公平公正。

第三章　高校教育管理模式创新研究

第一节　高校教育管理层面创新

一、管理者提高自身的综合素质

随着我国高等教育的逐步普及以及与国际接轨,各高校面临着激烈的竞争,高校管理者也面临着新的任务和挑战。高校教育管理者除要承担教师应尽的责任之外,还因其管理者的身份,承担着更多特殊责任,这就要求他们必须全面提升自身的综合素质。

（一）促进高校教育发展和推动大学生成长成才

一所高校的成败很大程度上取决于这所高校领导者的水平,高校教育管理者的能力素质对高校的发展和大学生的成长成才有着至关重要的影响。为了对所处的时代和所肩负的责任有一个具体深入的认知,高校教育管理者要注重自身管理能力的提高,不断地吸收新的信息,不断地实践和总结,培养良好的执行力和良好的沟通协调能力。管理能力的提高是一个学习和训练的过程,过去的知识和能力固然重要,但并不等于说就可以用过去的知识和能力应对现在和未来,而要用发展的眼光培养自我的责任意识。高校教育管理者要注重高校教育管理方法的研究,增强自身科研素质,明确管理的目的,为提高管理素质奠定基础。高校教育管理者如果将科研作为管理过程的先导,管理就能深入下去,就能在教育管理中不断发现问题,不断完善管理方法,不断探索新问题的发生过程,使高校教育管理活动沿着科学化、规范化的轨道进行研究实践。因此,高校教育管理者素质的提升是培养创新人才的保障。高校教育管理者责任体现必须围绕着高校建设发展、大学生成长成才的需要。

(二)促进高校教育发展的责任

当前,高校教育管理者基本上都接受了系统的高等教育,掌握着先进的科学技术和管理方法,是高校发展中一支朝气蓬勃、出类拔萃的队伍,应该努力用自己的聪明才智为高校的发展贡献力量,为大学生成长成才服务,这是历史赋予高校教育管理者不可推卸的责任。在科技进步突飞猛进、知识经济已见端倪的今天,民族科技正面临着种种挑战。高校教育管理者接受了正规而严格的治学熏陶,领略着各门学科的无限风光,探求着自然与社会的最新宝藏,因此有能力、更有责任和义务促进中国教育的发展,在高校竞争的舞台上一显身手,推动高校的进步。高校教育管理者要对祖国的教育和人才的培养有着高度的关注和思考,对建设有中国特色的社会主义教育、办好人民满意的高校有着比较深刻的理解,积极投身高校建设,为不断推进高校的发展而努力。

(三)推动大学生成长成才的责任

对高校教育管理者而言,不仅要注重自我的发展,更重要的是要挑起高校教书育人的重担。高校教育管理者要勇于打破束缚,在举办人民满意高校的道路上实现自身的发展和完善,并以此促进高校教育的发展和大学生的健康成才。责任感的重要性是不言而喻的,责任感的培养和增强既需要高校教育管理者本身的努力,也需要社会外界条件的帮助来共同完成。高校教育管理者要通过实践来体现责任,积极拓宽高校教育管理者与社会沟通的渠道,提供各种各样的锻炼机会,使大学生能够真正接触社会,以成熟的观点认识社会现象,宣传倡导良好的社会风尚,从而培养自身判别是非、应对复杂局面的能力,只有这样才能帮助大学生明辨是非,树立正确的政治观、人生观、价值观。

二、高校教育管理者的素质优化——全方位、多角度相结合

高校教育管理者在工作中除了集思广益、博采众长之外，还应具备管理、规划、发展、远景展望的能力。工作不能停留在表面上，必须有计划、有总结，执行过程中树立大胆创新的观念，自觉运用创新思维，完成高校的目标，这样才能保证执行的效果。这就要求必须培养自我管理能力与社会责任感。

(一)注重知识更新，加强责任引导

高校教育管理者要在意识到自己责任的同时，把它升华为一种自觉的内心信念，升华为义务感，形成强烈的社会责任感。培养自我管理能力，要把高校教育管理者所具备的政治素质、业务能力、增加工作经验等作为能力管理的主要内容，根据高校教育管理者的具体情况和需求，有针对性地加强学习与培训，保证获得急需的工作技能和方法，促使高校教育管理者运用自己的理论优势帮助大学生成才，促进高校教育的发展。高校教育管理者作为教书育人的责任主体，具有公民的权利和意识，也必须具有高校的责任意识，从而引导高校教育管理者正确认识个人与社会的关系，认清承担社会责任是实现自我价值的必由之路和强化构建和谐学院的思想基础。个人与社会之间既有区别又有联系，是共生共存、辩证统一的。一方面要发挥好高校教育管理者的主观能动性和创造性，使他们善于运用科学理性的思维去分析问题、解决问题，另一方面要充分发挥高校教育管理者自身的优势，鼓励自我、勇于创新。青年高校教育管理者接受新鲜事物快，上手能力强，勇于创新，可以通过以老带新、亲力亲为拓展渠道，根据"求新""求异"的特点，加强对其社会责任感的有效引导，帮助青年高校教育管理者用理性的思维处理各种纷繁复杂的事物与矛盾，在实践中提高青年高校教育管理者的责任感和事业心，只有这样，高校才能培养出服务社会的人才，自身价值也才会得到充分体现。

（二）注重能力管理，拓展创新载体

高校教育管理者要培养健康的心理素质，锻炼坚强的品质并增强抗挫折能力。高校教育管理者在教育管理工作中常常会遇到不顺心的事情，这种心情会在很大程度上影响工作的效率和准确度，所以要注重培养自己的心理素质。高校教育管理者要有坚定的职业精神，只有对自己的本职工作付出热情和心血，才能真正把事情做好。在繁重而枯燥的工作中，高校教育管理者只有选择耐心与认真，才能不折不扣地完成教书育人的任务。如果每一个高校教育管理者都能经常对自己的表现进行反思，不断克服自己的惰性和私心，那么高校的教育管理水平就能日益提高。高校教育管理者面对大学生工作中"繁、急、难、重"的工作，要创新载体，注重能力管理，要不断去探索新方法，找出新程序，不断提高管理质量，树立大胆创新的观念，注重教育的实效性，从而实现个人价值与社会价值的统一。高校教育管理者最终的目的是为高校发展服务，为社会培养优秀合格的人才。高校教育管理者只有具备了社会责任感，才能培养出社会需要的人才。

三、切实落实高校教育管理工作

在高校教育管理工作中，辅导员扮演着重要角色，不仅要管理大学生，还要教育大学生，对大学生的学习和日常生活进行正确引导，帮助大学生树立正确的世界观、人生观和价值观。对高校教育管理工作中辅导员的角色分析，能促进辅导员更好地对大学生开展教育和管理工作。

高校的建设与发展也在国家改革开放以及经济社会深入发展的背景下逐步进入了新阶段。新时期高校辅导员需要承担的责任很多，如落实大学生德育教学工作，落实高校规章制度，组织大学生参加各种教学活动，为大学生提供专业辅导和择业辅导，疏导大学生心理，帮助大学生解决困难，在大学生中发展党员等，可以说高校辅导员责任重大，其扮演的不单是"政治辅导员"角色。高校辅导员工作的任务特点是艰巨、复杂并且十分琐碎,这就要求高校辅导员具备较强的心理素质、道德素质以及专业素质。在高校管理工作中对辅导员角色进行准确定位,不断寻找提高辅导员管理工作效率的方法,可以促进高校辅导员管理工作的积极开展,实现对高校学生的合理有效管理。

(一)辅导员在高校中的地位及作用

高校辅导员在教育大学生、管理大学生、服务大学生方面肩负着重要责任,同时是高校对大学生开展德育教学工作的骨干力量,负责组织大学生参加德育活动,切实落实高校德育教学工作,指导管理大学生的日常生活。

1.管理协调

高校辅导员要对大学生进行无微不至的关怀,做到事无巨细,让大学生感到温暖。比如,指导大学生如何管理日常事务、如何管理班级规章制度、如何组织班级活动、如何动员和促进学风建设等,高校辅导员在班级管理工作中要付出足够多的汗水和心血。高校辅导员被高校师生们公认为"大学生工作管理员",其在工作过程中要协调校内各部门与大学生之间的关系,做到对校内各个环节进行有效衔接,充分发挥高校的管理育人力量。

2.纽带桥梁

高校辅导员可以架起高校与大学生之间沟通的桥梁,既要负责收集掌握和处理大学生的意见和要求,贯彻落实高校政策法规、规章制度,又要组织大学生开展各种校园活动。由此可见,高校辅导员加强了高校与大学生之间的思想沟通,能够为高校的育人工作创设和谐稳定的氛围,促进高校管理工作的高效稳定运行。

3.教育疏导

高校辅导员采取近吸式教育模式对大学生进行教育,教育工作涵盖大学生的各个方面,不能只停留在思想教育层面,进行的重点工作是帮助大学生进行职业生涯规划,促使大学生树立远大理想,形成正确的世界观、人生观和价值观,使大学生在学习、生活和工作方面端正态度,为高校培养高素质人才提供保障。

4.成才导师

高校辅导员会影响到大学生的方方面面,如思想观念、价值取向、处事态度、行为方式以及学习成绩等,优秀的高校辅导员可以对大学生产生积极的影响。高校辅导员是大学生进入高校以后面对的第一位导师,其负责大学生四年的学习和日常生活,并且对大学生的学习和生活予以引导,直至四年后高校毕业。高校阶段大学生身体发育以及思想成长逐渐成熟,而辅导员对大学生能够产生潜移默化的深远影响。

(二)高校辅导员工作策略

1.加强学习,做个"教育通"

高校辅导员的一项非常重要的工作是针对大学生开展德育教育,为大学生与高校之间架起了一座沟通的桥梁,因此高校辅导员要努力成为"教育通",积极引导大学生参加各种思想教育活动,提高大学生的德育觉悟。

第一,高校要积极开设德育教育课程,或者是进行专题讲座,组织大学生在课程或者讲座中积极进行讨论,充分发表自己的见解。之后,高校辅导员再予以补充,让大学生在学习过程中树立正确的世界观、人生观以及价值观。

第二,高校辅导员要引用一些经典的话语对大学生进行德育教育,做到用事实讲话。

第三,高校辅导员要提高自己的德育境界,教育大学生的同时要以身作则,正确对大学生进行德育教育。高校辅导员要不断提高自身的德育素质,努力树立在大学生心目中的良好形象,为大学生树立榜样。

第四,为了能够及时了解大学生思想动态,高校辅导员要及时与大学生进行交流,针对大学生的实际情况采取不同的教学方法。

第五,考虑到大学生通过网络渠道获取信息的特点,高校辅导员要充分运用网络技术对大学生进行德育教育。

2. 身体力行,做个"好榜样"

第一,与其他课程教师相比,高校辅导员与大学生进行交流的时间更长,所以很容易在大学生心目中树立良好的榜样。大学生的素质直接受到高校辅导员素养水平的影响,因此高校辅导员要不断提高自身的综合素质,时刻注意自己的言行举止,做到以身作则,为大学生树立良好的榜样。

第二,大学生中有很多可以作为榜样,高校辅导员要积极发现并且要善于利用,使大学生能够感受到身边榜样的力量,激发大学生的学习积极性。还可以选取一些有代表性的大学生作为榜样,发挥其带头作用。

第三,高校辅导员要积极组织大学生开展学习榜样活动。比如,学习雷锋榜样活动,鼓励大学生到社区做义工、到养老院慰问老人等,充分发挥大学生助人为乐的精神。

3. 全面发展,做个"多面手"

第一,高校辅导员是大学生思想上的引路人。以提高大学生的思想觉悟作为出发点,高校辅导员要不断加强自身的德育素质,并且积极组织大学生开展党团思想教育活动,为大学生树立起学习榜样。

第二,高校辅导员是大学生学习上的引导者。高校辅导员在大学生工作方面不仅要发挥管理者职能,也要发挥教育者职能。以教授大学生有效学习方法为出发点,积极学习并且掌握相关专业知识,并且通过课程教学和活动教学等方式向大学生传授学习方法。

第三,高校辅导员要做大学生的知心朋友,要关爱大学生。高校阶段的大学生还处于成长阶段,辅导员要给予大学生更多的关心和爱护,要及时了解大学生的学习和生活状况,及时帮助大学生解决学习和生活过程中遇到的问题,让大学生感受到自己带来的温暖,赢得大学生的尊重和信任。

第四,高校辅导员要充当大学生的心理疏导者。高校阶段的大学生,还没有摆脱青春期带来的烦恼,面对就业压力和升学负担,大学生心理上很容易出现问题。高校辅导员要积极学习并且掌握相关心理学知识,及时疏导大学生心理,帮助大学生形成良好的心理状态,促进大学生健康成长。

第五,高校辅导员要对大学生的就业进行指导。大学生临近毕业时往往就业方向不明确,高校辅导员要引导大学生设计职业生涯规划,让大学生对自己准确定位,在明确自己就业目标的前提下,制定符合自身实际的职业生涯发展规划,促进自身职业目标的实现。要积极组织大学生开展职业生涯评比活动,使大学生能够根据自身发展实际制定职业生涯规划。还要积极引导大学生进行社会实践,让大学生在社会实践中学习知识,积累经验,帮助大学生实现顺利就业。

总之,在法治化社会环境下,高校辅导员所扮演的角色越来越多,面对思想活动日趋活跃的现代大学生,高校辅导员要不断学习相关专业知识,不断提高自身修养,提高自身综合素质。在管理大学生过程中要及时了解大学生各方面状况,对其予以正确引导,让大学生少走弯路,进一步提高大学生学习效率和综合竞争力,促进大学生全面发展。

四、掌握高校教育管理的关键点

高校教育管理工作是高校整体工作的重要方面。在具体的实践中,高校的教育管理工作者应注意把握其中几个关键环节,主要包括:大学生入学教育、大学生干部选拔、评优评模组织纳新、军政教练员选拔、开学和放假、大学生基本信息管理、就业信息提供等。只有全面把握高校教育管理的关键环节,才有可能使大学生的管理工作走上更加规范而又科学的轨道。

(一)入学教育环节

在入学教育方面,要重点搞好军政训练,从队列、内务、学籍管理规定,日常行为规范,考试制度等方面进行教育和强化训练。同时,对大学生还要加强不同专业的专业思想教育,使大学生真正明白科教才能兴国,中华民族要想在世界上永远立于不败之地,首先要振兴教育事业。此外,还要使大学生了解省市乃至全国各行各业尤其是本专业的发展现状和前景,使大学生尽快树立一种"今天学知识,明天建祖国;现在准备好,将来去奉献"的职业道德观念,使"奉献自己、服务他人、努力打拼、不断创新"的信念成为他们的终生追求。高校军政训练一般安排两周时间为宜,每个教学班配备两名军政教练员,在早晨、上午、下午分别安排军政训练内容,晚自习时间安排教唱革命歌曲、学习规章制度、个人才艺展示活动,最后经系部初赛,评出军政训练先进班集体,在新生军政训练和入学教育总结大会上进行汇报表演。在入学教育的过程中,各系部的大学生主管领导和辅导员应切实负起责任,加强指导和督查,确保新生入学教育的环节搞得扎实并富有成效。

(二)大学生干部选拔环节

大学生干部的表率作用和榜样作用是无穷的。在选拔大学生干部上必须坚持原则,把那些品学兼优,具备一定组织能力,在大学生中威信较高的大学生选拔出来,这是至关重要的。在选拔和配备大学生干部时,高校辅导员应当在新生入学前首先审查相关教学班新生的档案信息资料,全面掌握大学生的德育情况和家庭基本情况,把那些政治上可靠、学业上优秀的新生作为大学生干部的备用人选。新生报到后,高校辅导员可以提名一些优秀的大学生担任班委会、团支部临时干部,经过一段时间的考察,履行民主推荐的程序,分别确定正式班委会和团支部的大学生干部人选。

(三)评优、纳新环节

在教育管理方面,评选"优秀团员""三好大学生""优秀大学生干部""优秀毕业生"以及奖学金的评定、党组织纳新是建立良好的班风、学风和校风的重要激励机制。"优秀团员""三好大学生""优秀大学生干部"以及奖学金,每学年评定一次,"优秀毕业生"每届大学生评定一次,党组织纳新一般每学年进行两次。每次评优、评奖和党组织的纳新工作,高校教育管理部门都会印发相关文件和要求,关键是各系部和高校辅导员要按照文件精神认真抓好落实,认真履行职责,真正把那些政治上可靠、学业上优秀的大学生评选出来,把那些拥护党的领导、积极要求上进的大学生早日吸收到党的组织中,把评优和组织纳新的激励作用发挥到最大。

(四)关心爱护和严格要求环节

无论是高校辅导员,还是专职的教育管理者,如果只注重关心爱护,容易使大学生变得浮躁;如果只注重严格要求,大学生容易产生逆反心理,就会对教师敬而远之,关心爱护和严格要求,二者是相辅相成、缺一不可的。所以,当大学生遇到生活、学习上的困难时,辅导员和专职管理者及时给予关心爱护和帮助是非常必要的,同时,当大学生不能遵守校纪时,教育管理工作者应当注意及时对大学生进行批评教育。在对大学生进行管理时,关心爱护和严格要求二者不可偏废,二者缺一,管理就不能成功。有的学者提倡赏识教育,人们认为,赏识教育就是进行正面教育,单纯的赏识教育是不全面的教育。在操作上教育管理者应当和大学生多交朋友,应当多注意观察,进行阶段性的平等交流和对话,用自己的真情来打动和感召大学生。

(五)大学生基本信息管理环节

高校中的大学生来自五湖四海,来自不同的民族、省份,每个大学生的生活习惯、性格、兴趣爱好等都不同。不同的民族更有着不同的民族风俗,家庭经济条件好的大学生和家庭经济条件不好的大学生有着不同的处事方式,这就需要基层管理者,尤其是高校辅导员,掌握每个大学生的基本信息,建立每个大学生的信息档案,包括姓名、性别、籍贯、民族、家庭成员基本概况、经济条件、联系方式、谈话记录等。经常与大学生交流,使来自不同民族、不同地域、不同家庭背景的大学生和谐相处,以形成良好的班风。

(六)及时准确地提供就业信息

当前,高校学生的就业形势非常严峻,应教育和引导大学生全面客观地看待社会,了解就业形势和国家的就业政策,坦然地面对社会现实,根据自身和家庭的实际情况,正确选择自主创业、协议就业、灵活就业等不同形式的就业。在大学生接近毕业时,高校辅导员最重要的任务就是给毕业生提供及时、准确的社会各个层面不同行业的用人需求信息,教育大学生提高就业技能。要让大学生知道,只有政治上可靠、业务上精良、技能上过硬,并且有良好的心理素质,善于与他人合作,善于创新、吃苦耐劳、讲诚信的人才能在当今社会激烈的竞争中站稳脚跟。

(七)反馈效果与实践引导

高校教育管理工作效果反馈机制的建立是高校进行教育管理的关键环节,是全面分析大学生心理状态、大学生学习动机、思想的重要理论依据。通过对教育管理工作反馈效果的分析,把握大学生内心的变化状态,建立相适应的反馈机制,充分了解高校学生的个性化需求,尽可能地为大学生的健康成长创造便利条件。针对在思想与行为上需要纠正的大学生,要做好教育疏导工作,引导大学生深思努力学习的重要作用,树立爱国主义,形成与社会主流文化发展相契合的世界观、人生观与价值观。实践工作中要高度重视高校教育管理工作与校园总体发展方向的融合,针对不同大学生的生活状况与自身基础水平,创建出更加适合高校工作与大学生个性化并存的教育管理机制,避免在相关制度实施的过程中出现生硬的现象,达到高校管理更加民主、透明、和谐,更加适应大多数大学生的心理,弥补个体存在的差异。高校教育管理的过程中还应高度重视大学生学习品格的培养,引导大学生具备全局观,以社会需要为学习基础,开展一系列的教育宣传活动,把高校学生培养成为社会主义市场经济所需要的优秀人才。

五、掌握高校学生个体管理的艺术

(一)制度的规范和激励功能在高校教育管理工作中的显现

规范性制度和激励性制度在高校教育管理中都有其存在的合理性和价值。分析制度这两种主要功能的价值取向和限度,并不是要否定规范性制度在高校学生管理中的作用,而是为了使两种制度功能在各自的层面上发挥其有效性。大学生已具有很强的独立人格和尊严,有非常明确的是非观和价值判断,有能力基于自身理性进行价值认知和选择。规范性制度应是对大学生的权利和义务进行准确定位,保障大学生完整的公民权和受教育的权利,明确大学生作为公民和大学生应有的行为规则和责任。所以,规范性制度的内容是对大学生行为的基本的限定,对符合大学生基本行为规范提出要求和对不符合的行为给予强制性处理。

这类制度往往与大学生的义务性和责任性的内容联系在一起,只有这些义务性的内容和责任性的内容,才可以用规范性的制度加以保障和规范。某种程度上也可以认为,规范性制度具有"普识"性权利和义务的要求。所以说,规范性制度的价值取向是向内的,通过基本的行为规范和强制性的要求形成良好的习惯,达到品德和素质符合社会公民的要求,或达到良好公民素质,引领社会文明。

除此之外,在教育管理制度中,应尽可能不采用规范性制度或强制性措施以达到管理的目的。在我国,高校管理制度的制定与实施具有自上而下、以行政规划与管理为主的特点,高校的科层化倾向明显,层次结构划分的是权利和责任。

更多的高校教育管理制度应以积极引导的价值取向,激发和激励每个大学生的个体价值,充分肯定和体现大学生的个体价值,增强大学生积极向上的欲望和动力。激励性制度可以有效地启迪、敞开大学生的价值世界,增强他们的价值判断能力、选择的意识与能力,敞开他们通向可能生活的价值路径,让他们面对开放的、无限沟通的社会生活空间,从容、自主地建构个人的价值世界,成为生活的主体。人才有基本要求,但没有一致的标准,基本要求可以通过规范性制度养成,而对人才自身的发展,要通过多样的激励措施和多层面的肯定激发。制度或规则应该只是创设一种"教育的情景",提供大学生实践个体价值的活动场所或空间,以贴近生活实际的内容提高大学生价值认识、探究和体验的能力。

(二)以激励性制度引领高校教育管理工作的价值创新

在高校教育管理工作中加强对激励性制度的重视,从激励性功能出发,进行适当的目标定位能够起到几点作用:一是能够实现对大学生的不同认识,引导其不同个性的激发与彰显,推动其明确自身的价值取向;二是能够改变管理者的工作方式,逐步弱化强制性特征,突出以服务为主的角色意识,给大学生创造一个既渗透制度规范,又充满生机与活力的实践提高平台;三是能够达成人才培养方式的转变,避免制度规范性的固化趋同,帮助大学生在个性可以得到张扬的情境中通过自我学习、自我管理和自我服务,实现自我价值。

(三)制度设计

高校教育管理工作创新应高度重视制度创新,并努力使之健全、规范与科学。完整、成熟、合理、先进的教育管理制度不仅反映着一所高校德育工作的理念与机制,而且反映着高校人才培养的目的与要求,还反映着高校教育管理工作的思路、模式与方法,同时也综合反映着高校教育管理工作的境界与水平。理性把握教育管理工作中制度功能的特点以及制度设计的原则要求,在突出制度执行的严肃性、规范性和教育性的同时,更注重加强制度设计,注重制度的激励功能的发挥则是实现高校学生管理工作价值创新的重要途径。

制度设计要建立健全评价机制,优化绩效考核激励机制。一般意义上来说,大学生的行为要求与个人自身的发展目标是一致的,限制向内,开放向外。通过制度激励性功能的发挥,将对大学生的教育价值的引导渗透大学生个体成长的过程之中,注重对大学生道德德行的养成教育,无疑应该是高校教育管理工作的基本出发点和重要归宿。教育要通过生活才能迸发出力量而成为真正的教育,同样,德行养成教育也要而且必须通过生活迸发出力量才能成为真正的德行教育,日常生活是个体德行的养成之所。

制度设计就是要把个人的道德理性与生活结合起来,通过发挥制度的静态与动态有机结合的激励性功能,强调细化管理、量化管理,在生活中验证、丰富、实践个人的价值理念,并且逐步形成稳定的道德行为习惯,形成个人在日常生活中稳定的道德思考、判断、选择以及行动的基本方式,从而保障大学生在综合素质提高方面保持一定的张力和维度。

(四)价值实现

当代高校教育管理制度应以开放、踏实、平等、尊重的内容、方式、方法面对这个复杂多元的世界,而有效发挥制度的激励性功能对实现高校教育管理工作创新则有着显著的积极意义。

1.激励性制度与大学生个人的生活紧贴,可以加强大学生对个人生活世界的体悟

人是社会关系的总和,人总是与周围世界发生着意义关联,通过追寻自身与他人、社会与自我的牵连而获得意义。关注这个"我"生活其中的世界,并作为一个真实的生命体在这个"生活的世界"中去积极地交往、感觉、发现、理解,增进个人对自我生活世界的自觉意识,逐步形成个人与生活的世界之间和谐、稳定、深刻的联系。

2.激励性制度引导大学生在价值冲突中审慎决断

道德主体只有在同环境的相互作用中借着自己的选择才能实现自己的发展,社会提供了无限可供选择的道德情境,个体的道德习惯便是借助

自己一定的思维和感情对这些具体的道德情境自由选择的结果,在对多元价值的冲突和选择中促进个体道德理性的发展和个体道德主体性的全面提升。

3.激励性制度可以反复强化与训练,形成行为习惯

人们反对简单灌输和对行为的控制、强制,强调在过程中发挥价值引导的作用,积极鼓励和肯定大学生对自身、对他人、对社会有益的行为,并在制度中加以认可,不断地对大学生的有益行为加以增强和延伸,实现对个体差异的尊重,促进良好行为习惯的养成。

4.激励性制度注重大学生行为的自我反思与评价

激励性制度中肯定式的价值评价,必然会激发和引起大学生自我行为的认识和思考,并通过对道德行为的不断反思和循环问答,澄明价值并促进道德理性地发展。

第二节　高校教育环境层面创新

一、营造健康积极的高校教育管理大环境

随着网络技术的发展,尤其是依托数字技术、网络技术、移动通信技术等新技术,以手机网络、微博客、即时通软件等为代表的新媒体技术对高校网络文化的建设和管理产生了较大的影响。同时,网络的互动、手机与网络的互动,以及网络、手机网络、电视网络三网融合等形成的新媒体环境也在对如何构建一个健康、文明的高校网络环境提出了新的挑战。因此,如何加强高校网络文化建设和管理,营造积极、健康的校园文化环境,运用网络新技术在新媒体环境下推动高校新闻网的创新发展,用正确、积极、健康的思想文化占领网络阵地,发挥高校新闻网的优势是亟待

解决的问题。

网络文化建设已经成为社会关注的热点,也成为德育工作者参与的一个重要的领域,随着网络信息技术的进步,网民的数量剧增,网络文化业态呈现了多元化的趋势,它对人们的工作、学习、生活产生的影响也越来越大。高校网络管理中心是全校网络运行的最主要支撑平台和防范不法分子利用网络破坏高校稳定的堡垒,是展示高校整体风貌的"窗口",是高校重要的舆论宣传阵地。人们认为,大力加强高校校园网络文化建设的探索与实践,坚持以下五个方面的创新,是实现高校网络文化建设朝着健康、文明、和谐发展的有效途径。

(一)加强高校网络德育工作队伍建设

在信息高速发展的时代,网络德育工作日益显得重要而迫切。当务之急,高校需要建立一支高素质的网络德育工作队伍,这支队伍不仅要具有较高的德育教育理论水平和丰富的德育教育经验,还要掌握计算机网络的基本知识和技能,熟练地利用网络平台开展德育工作。网络德育教育工作的展开,要以了解和熟悉网络语言、网络文学、网络游戏等网络文化的各种形态为前提,把握大学生的思想动态,关注和参与他们的网络生活,及时进行心理辅导和思想引导,使德育工作渗透大学生的虚拟生活之中,使网络时代的德育工作取得更好的效果,这就要求加强高校网络思想教育工作能力建设。加强校园网络文化队伍建设,还需要合理配套各类专兼职人员,既要有网络专业技术人员,又要有网络管理人员,还要有网络文化研究人员。按照"提高素质、优化结构、相对稳定"的要求,建立统一指导、各方配合、责任明确、优势互补的网络工作队伍。凭借这支队伍,努力实践并着力打造"绿色网络校园"。通过各种途径密切关注网上动态,随时与大学生进行平等的沟通与交流,及时回答和解决大学生提出的有关学习、生活、就业等方面的问题,增强大学生网民的信息解读能力,引导大学生运用辩证的观点和科学的方法分析问题、明辨是非,增强对网络文化的辨别力,帮助他们健康上网。

(二)提高大学生的文化素养、自我调节与管理能力

培养和提高大学生网民对有害信息的自觉抵制意识和能力,对于建设社会主义网络思想阵地具有基础性的意义。首先,要使青年大学生学会做自己的心理医生。青年大学生的情感丰富而又容易冲动,因此要学会保持稳定情绪,适时宣泄不良情绪,找到合理表达自己诉求的方法,防止过度沉迷网络游戏。其次,要使他们学会计划自己的生活,建立合理的生活秩序。现在的许多大学生尤其是高校新生,生活自理能力较差,有的甚至难以适应高校的集体生活;有些大学生不能进行正常的人际交往,建立良好的人际关系,而人际关系不良也会导致网络游戏成瘾等现象的产生。最后,要培养大学生的道德自律意识。大学阶段是一个人的世界观和人生观的形成与定型阶段,因此教育他们增强网络伦理道德观念,在网络社会里遵守起码的行为准则,自觉加强修养,树立正确的世界观和人生观显得非常重要。在这方面,高校可以通过开展关于网络游戏道德方面的座谈会,让大学生参与进来自由讨论,使他们充分认识到网络道德失范的社会危害性,提高大学生的网络自我教育能力。

(三)营造积极健康的校园文化环境

高校应该有意识地组织力量开展网络信息安全方面的科学研究,利用技术的力量对侵入网络的有害信息进行处理,努力净化网络环境,将有害信息拒之校园网外。高校应该加强校园文化建设,丰富学子们的业余文化生活。首先,要以大学生为本,积极开展充满时尚和青春活力的文娱活动,想方设法吸引大学生们的兴趣和注意力。其次,及时对沉迷网络游戏的大学生给予关心和帮助,为他们营造一个积极、健康的学习和生活氛围。最后,高校适度介入网络游戏,最大限度地控制不良信息的进入,为大学生创造一个积极向上的、健康有序的网络文化环境。

(四)加大网络监管力度,有效管理网络文化

当代大学生受世界经济浪潮的影响较深,对新鲜事物的探索和尝试

较为积极。高校可以发挥德育工作的优势,引导大学生明是非、辨美丑,树立良好的网络道德品质。校园网络文化技术上的监管可以从以下三点切入。

1.校内网站监管

网站留言板和 BBS 均以互动方式进行交流,任何人都可以方便地发布信息,属于校园网络文化监控的重点。现在的留言板和 BBS 在技术上可以做到实时记录发布者的用户名、发布时间、上网计算机 IP 地址,以及上网计算机安装的操作系统和浏览器版本等资料。这样,既可以保证大学生发布的信息有据可查,又可以对大学生产生自我约束效果。

2.校内上网场所监管

通常,高校校内可以上网的场所有公共计算机房、大学生机房、网络实验室、电子阅览室、大学生宿舍等地点。公共上网场所的上网计算机可以使用机房管理系统软件进行管理,大学生凭大学生证实名登记上网,有条件的高校也可以使用校园 IC 卡刷卡上网。机房管理系统软件具备了记录上网时间、上网计算机 IP 地址的功能。大学生宿舍上网管理,可以简单地采取分配固定 IP 地址、用绑网卡 MAC 地址等手段,也可以安装一套宽带认证计费系统软件,上网者通过账号和密码登录上网并接受软件的管理。这样,通过技术上的管理措施,结合网站对信息发布者相关资料的记录,可以按图索骥,较方便地找到发布信息的人。

3.校内网络信息监管

要想有效阻挡校外网络不良文化传入校园网内,可以采取在校园网网关处对网络信息进行过滤的方法。

二、与校园文化建设有机结合

高校校园文化以高校的校园为空间,主体是高校的大学生、教职员工,主要内容是课余活动,基本形态是多学科、多领域的文化,特征是广泛地交流和特有的生活节奏,它是具备了社会时代发展特点的群体文化,它是社会主义精神文明在高校的具体表现,是一所高校所特有的精神风貌,也是大学生政治文明素养、道德品格情操的综合反映。简而言之,高校校园文化是以教师为主导,大学生为主体的,在特定的校园环境中积淀形成的,与社会时代发展密切关联且具备校园自身特色的人文氛围、校园精神和生存环境。

(一)校园文化与教育管理的基本内涵

1.校园文化的内涵

校园文化是指由全体师生、员工在长期的教学实践过程中培育形成的共同遵守的道德标准、价值观念及行为规范。它以大学生为主体,以校园为主要空间,以育人为导向,以精神文化、环境文化、行为文化、制度文化建设为主要内容。环境文化是校园文化的基础,主要包括"硬环境"和"软环境";精神文化是校园文化的灵魂,包括校风、学风、教风、作风等;行为文化具体体现在师生员工的言行举止中,主要包括各类人际关系、道德行为规范等;制度文化是校园文化建设和高校正常运转的保障,具体包括各类规章制度,如校规、班规、宿舍管理规定、社团规章制度等。此外,校园文化具有五个方面的功能,包括导向功能、教育功能、凝聚功能、约束功能、陶冶功能。此五项功能作用于大学生学习和生活的全过程,正确地引导大学生健康发展。

2.教育管理的内涵

教育管理是指高校教育管理工作者通过各种手段,对大学生在校期间的学习、生活和行为进行管理和规范,旨在维护高校正常的教育教学秩序和大学生的生活秩序,保障大学生身心健康,促进大学生德智体美劳全面发展。根据普通高校教育管理的相关要求,高校教育管理包括大学生的权利与义务、学籍管理、校园秩序与课外活动、奖励与处分、大学生申诉等诸多方面。其中,学籍管理包括入学与注册、考核与成绩记载、转专业与转学、休学与复学、退学与毕业、结业和肄业;校园秩序包括大学生行为规范、寝室管理、环境卫生维护及其他规章制度;课外活动包括各类社团活动、勤工助学及社会实践等;奖励主要指对在思想品德、学业成绩、科技创造、体育文娱及社会服务等方面表现突出的大学生给予的物质或精神上的奖励或表彰;处分是针对违反学习和生活纪律的大学生实施的惩罚,包括警告、严重警告、记过、留校察看、开除学籍。此外,随着高校教育管理工作的不断创新,高校也越来越注重对大学生的服务,绿色通道、就业服务、心理辅导等工作也成为高校学生管理工作的重要内容。

3. 校园文化对教育管理的重要意义

校园文化与教育管理具有密切的关联性。第一,二者目标一致。校园文化与教育管理都以育人为目的,以为社会培养高素质的综合型人才为目标。第二,二者主体一致。校园文化以大学生为主体,大学生是校园文化建设的参与者与受益者;教育管理同样以大学生为主体,大学生是大学生管理工作的中心。鉴于校园文化与教育管理在提高大学生综合素质、培养复合型人才上的一致性,加强校园文化建设必定可以推动教育管理工作的完善和创新。大学生思想和行为内容不断延展,新时期的教育管理离不开"大学生本位"的教育思想。充分发挥大学生的主观能动性,对高校和大学生的发展以及校园文化的建设大有裨益。因此,"一切为了大学生,为了大学生的一切""尊重人格,保护天性"等先进的教育理念必须被广大教育管理工作者所接受和运用。"以人为本"的育人环境和氛围离不开校园文化的建设,校园文化作为一种群体性文化,通过长期的沉淀与升华,形成了人们共同遵循的价值标准、行为规范和崇高追求,而校园文化所具备的导向、陶冶等功能,潜移默化影响着大学生的思想和行为,大学生在特定的人文环境的熏陶下成长,形成了健康的人生信念和价值追求。

(二)构筑良好的校园环境文化,为高校教育管理提供物质保障

教育管理是以服务大学生为根本目的的,为大学生构筑良好的、有序的校园环境是管理大学生的前提。高校校园环境文化首先包括校园物质文化环境,它是指高校为师生员工学习、工作、生活、娱乐等活动提供的物质条件。高校的物质文化环境是高校校园文化的"硬件",也是高校教育管理工作的基础环境或基础条件,如果没有良好的校园物质文化环境,高校校园文化无法健康地发展,高校教育管理工作也会缺乏相应的物质保障。比如,高校的环境幽雅、景色迷人,就可以用其自然美的景观来陶冶大学生的性情,塑造大学生美的心灵;校园的合理布局、花草树木、名人塑像、橱窗、宣传栏等可让大学生耳濡目染并感受浓郁的校园文化氛围。所有这些景观背后,都示意了包括建筑文化、历史文化、艺术文化、现代科技文化等文化的独特内涵所在。大学生通过干净、整洁、优美的环境的陶冶和塑造,既约束了自己的行为,又提高了自身的人文素养,达到了促进高校教育管理工作开展的目的。其次包括知识学术环境,主要指学术科研、教学管理、学风建设等方面的情况和条件。它是衡量一个高校校园文化建设的好坏、管理水平高低的重要因素,它甚至直接影响着育人的质量。最后包括人际关系环境,主要是指校园内部的人际关系,如大学生之间、师生之间、领导之间、教师之间等多方面的关系,和谐、融洽的人际关系环境能使大家保持良好的心理状态,利于教,利于管理,利于大学生的健康成长。

(三)营造健康积极的精神文化氛围,为高校教育管理提供精神动力

高校校园精神文化环境建设首先应在所有的教学和校园文化活动中坚持正确的政治方向,用马克思列宁主义的重要思想和科学发展观武装大学生的头脑,弘扬民族优秀文化传统,加强对大学生进行科学的世界

观、人生观、价值观和道德观的教育,营造浓厚的舆论氛围,弘扬正气,树立新风,强化理想信念,崇尚奉献精神。这对大学生的世界观、道德观、价值观有着树立、锻炼、修正和提高的作用,可以增强大学生的民族自信心、自尊心和使命感,激发大学生的爱国主义精神,培养大学生健全的人格和高尚的道德情操。其次,要根据高校总体培养目标和大学生实际,开展丰富多彩的第二课堂活动,用健康高雅的文化和艺术,引导大学生合理支配闲暇时间,并且注意将教育管理工作融入生动活泼的各种活动之中,寓教于乐,使大学生在活动中展现自己、锻炼自己、发挥自己,实现自我的价值,这对培养大学生健全的人格、创新的能力有着不可替代的作用。由此可见,良好的"精神文化"氛围是实现高校学生工作科学管理的前提。

(四)创建科学的制度文化,促进高校教育管理和谐有序

高校校园文化是社会整体文化的一部分,必须加以科学引导和规范,因而要创建科学的制度文化。制度文化是校园规范化建设和制度化建设的集中体现,这要求高校教育管理必须在各种制度、规章的约束下进行,规章制度对教师教学行为的约束、对大学生行为规范的养成、对校园健康向上氛围的形成有着很大的促进作用,这也将促进高校教育管理和谐有序地开展。高校的制度文化要包括道德行为规范、公共生活准则、校规校训、业余及课余活动规则等方面。要根据本校情况制定和完善高校各项规章制度,在校党委的领导下,调动高校所有职能部门的积极性,上下协力、齐抓共管,使校园生活规范化、制度化。

(五)校园文化建设促进教育管理工作的基本途径

1. 加强校园环境文化建设,提升服务大学生能力

校园环境文化可称为校园物质文化,与精神文化相对,它是校园文化中的基础系统,是校园文化建设的前提,是精神文化的有效载体和实现途径,也是校园文化的直观体现。

第一,重视校园"硬环境"的建设。所谓"硬环境"又称物质环境,主要

包括校园建筑、校园景观、教学设施、体育文娱设施及周边环境等,这些能看得到、摸得着的实体无不反映高校的教育理念和精神风貌。物质环境是开展育人活动不可或缺的基础和物质保障。因此,这就要求高校加大对"硬环境"的投入力度,尽可能地完善校园基础设施,为师生开展丰富多彩的教学活动、文娱活动提供重要的载体,使师生学有其所、乐有其所。在打造校园"硬环境"的过程中,各类建筑和设施应达到美感教育的标准和功能丰富化的要求,如校园建筑,包括教学楼、图书馆、宿舍楼、体育馆等,作为大学生学习和生活的重要场所,应具备实用与艺术的双重功能,愉悦大学生的身心,使大学生在不知不觉中受到影响和启迪。同样,校园景观建设也应达到使用与观赏功能的统一。校园的园、林、水、路、石等人文景观有助于陶冶大学生情操,塑造大学生美好心灵,激发大学生进取精神,促进大学生身心健康发展。大学生在优美的校园环境中成长,有助于激发其爱校热情,有利于教育管理工作的实施。

第二,重视校园"软环境"建设。"软环境"是相对"硬环境"的一个概念,也是一种精神环境,主要包括校园内的人际氛围、舆论氛围等。人际氛围主要指校园内的各类人际关系,包括教师与大学生、大学生与大学生、教师与教师、领导与教师之间多层次的人际关系。每个人都不是孤立存在的个体,高校学生所有的学习和娱乐活动都是在与人交往的过程中实现的,高校是个小社会,社会交往是大学生社会化的根本途径。大学生通过社交建立起相对稳定的人际关系,人际关系网对大学生的一言一行和身心发展影响重大。和谐的人际关系有利于维护校园秩序,使大学生形成正确的是非观念。因此,教师在大学生人际关系形成的过程中应发挥主导作用,正确引导大学生坚持平等、相容、理解、信用等交往原则,选择道德高尚、心地善良、积极进取的人交往。此外,教师作为大学生间的裁判员,应坚持公开、公平、公正的原则,化解大学生间的矛盾。

2. 加强校园精神文化建设,营造和谐育人氛围

第一,重视传统教育。要深入挖掘中华优秀传统文化蕴含的思想观

念、人文精神、道德规范，结合时代要求继承创新，让中华文化展现出永久魅力和时代风采，可见，传统文化对公民形成正确的价值理念、行为规范、理想信念尤为重要。中华优秀传统文化是中华民族的根基和血脉，也是大学生身心成长的指路明灯。高校教育工作者要坚持"取其精华，去其糟粕""传承与创新相结合"等原则，通过各类教学和文化活动，如实践教学、演讲比赛、征文大赛、文艺汇演等活动形式，传播优秀的传统文化，其中包括天人合一的和谐精神、自强不息的进取精神等。同时，深刻挖掘高校的文化底蕴和历史传统，讲清楚高校的历史和文化，使大学生感受到高校的魅力所在，从而激发大学生的自尊心、自信心以及爱国、爱校情怀。教育管理工作者只有本着与时俱进的原则，融入先进的教育理念，方能不断深化校园精神文化。在优秀传统文化熏陶下的大学生更易于塑造健全的人格，培养高尚的品格，这与大学生管理工作的目标一致。

第二，加强校风建设。校风即高校的风气，是一所高校鲜明的个性特征，它体现在全体师生的精神风貌上。校风是一个多层次、多要素的动态系统结构，涵盖教风、学风、作风、班风、舍风等各类校园风尚，良好的校风有利于大学生思想品德、道德情操、行为习惯的形成，因此，校风建设是育人的关键环节。教师是人类心灵的工程师，加强师德建设，提高教师的业务素质有利于形成良好的教风，良好的教风对大学生汲取知识、培养能力意义重大。班级是大学生获取知识和提高素养的主要场所，和谐、向上的班集体对大学生的学习兴趣、道德品质、行为习惯和良好学风的形成有着促进作用。为加强班风建设，首先要对班级日常管理进行严格要求，用制度来约束大学生的言行；其次要营造浓厚的学习氛围，通过互帮互助、嘉奖优秀等方式激发大学生的学习动力，培养大学生良好的学习习惯，使每个大学生都能成为群体的典范。此外，宿舍是大学生生活起居的唯一场所，良好的舍风有利于大学生养成好的生活习惯，如早起早睡、勤奋上进、锻炼身体、读书看报等。好的生活习惯对于大学生进入社会、成家立业有着长远、深刻的影响。为加强舍风建设，需要严格宿舍制度，对于不遵守宿舍制度的大学生加以管教和约束,还要发挥大学生干部和大学生党员的榜样作用,带动普通大学生养成健康的生活习惯。

3. 加强校园制度文化建设,建立完善规章体系

第一,完善规章制度体系。校园规章制度是全体师生共同遵守的行为准则,对于大学生来说,规章制度犹如一面镜子,时刻提醒大学生正其冠、端其行;对于高校来说,规章制度是高校文明的标志,高校力求在育人实践中加强"制度化、科学化、规范化"的管理,努力使各项工作有章可循。严格的规章制度能保证教学工作的顺利推进,是大学生成才的重要保证,因此,建立和完善科学的规章制度体系尤为重要。随着高校教育改革的不断推进,高校的制度建设也应朝人性化、科学化的方向发展,尊重大学生的人格,倾听大学生的诉求,使师生关系更加和谐,教育管理工作更容易开展。同时,规章制度的制定应具备科学性、合理性、可操作性等特点,规章制度自身的完善是规章进入执行程序的前提,是教育管理工作顺利推进的保障。

第二,提高规章制度执行力。教育管理工作以高校各项规章制度为依据,规章制度的执行力影响着教育管理工作的成败。科学的规章制度是高校各项工作开展的保障,所以,提高规章制度的执行力是保障各项制度落到实处的根本途径。教育管理工作者在执行规章制度的过程中应做到事前防范、事中控制、事后监督。事前防范可以防止违纪行为的发生,并降低管理成本,减少管理压力;事中控制可以保证制度的严肃性,使制度在公平、公正的原则下运行,防止事态偏离正常轨道;事后监督对制度执行者和制度执行情况进行考核,可以不断完善制度体系,使制度更加科学、合理。除此之外,应不断加强大学生的德育教育工作,使大学生认识到遵纪守法的重要性,积极号召大学生自觉遵守规章制度,做到自尊、自爱,使每一个大学生都能成为遵纪守法、道德高尚、素质优良的时代典范。

第四章　人才培养与素质教育

第一节　素质的含义与特征

一、素质的含义

从词义上讲,素质是指事物本来的性质或品质。后来在心理学中定义了比较严格的素质概念,指人的先天生理解剖特征,包括脑和神经系统结构、功能特性、感觉器官和运动器官的功能特性等。这种素质主要是由遗传决定的,也包括胎儿在母体内受环境的影响所形成的某些非遗传性的特征。后来素质概念的外延和内涵都有突破。从外延看,素质概念已不限于用在个体上,还可用在群体上,例如,我们可以说公民素质、职工素质等,甚至还可以延伸到组织上,如企业素质等。在内涵方面,教育上所说的素质主要指个体经学习获得的心理发展水平和品质。至于如何准确地定义教育上的素质概念,目前有着不同的认识。

对于人才培养来讲,素质至少有以下三个方面的意义。

第一,作为心理品质,这里讲的素质有别于人的生理素质,不是先天的、生来就有的,它是通过教育和社会环境的影响逐步形成和发展的。也就是说,素质是教化的结果,是能够培养、造就和提高的。

第二,素质是知识内化和升华的结果,单纯具有知识不等于具备一定的素质,知识只是素质形成和提高的基础。没有知识作基础,素质的养成和提高便不具备必然性和目的性,但只有丰富的知识并不等于具有较高的素质。

第三,素质是一种相对稳定的心理品质,由于它是知识积淀、内化的结果,因而它具有理性的特征,它又是潜在的,是通过外在形态(人的言行)来体现的,因此,素质相对持久地影响人对待外界和自身的态度。因而,也有专家将素质概括为人对自然、社会、他人以及自身的态度。

当然,我们并不能因为素质的相对稳定性就断言素质一旦形成就是一成不变的,正如我们前面所言,素质是可以培养、造就和提高的,因而它又会在外界的影响下发生变化,有时可能是质的变化。从这一意义而言,素质是稳定性和可变性的统一。从高等教育的角度来看,素质应包括四个方面,即思想道德素质、文化素质、业务素质、身体心理素质,也就是通过教育在这几个方面形成的相对稳定的心理品质。知识是素质形成和提高的基础,能力是素质的一种外在表现,素质与知识、能力密切相关,但素质是更加深层次的,提高素质的过程也更加复杂。

目前,我国素质教育中所使用的"素质"一词,其具体内涵应当是:人通过合适的教育和影响而获得的各种优良特征,包括学识特征、能力特征和品质特征。对学生而言,这些特征的综合统一构成了他们未来从事社会工作、社会活动和社会生活的基本素养或基本条件。学识特征主要是指基础知识、基本技能、基本思想和基本活动经验;能力特征主要是指发现与提出问题的能力,分析与解决问题的能力,能力的集中表现是智慧,智慧的基础是演绎思维与归纳思想两种思维方法的交融;品质特征主要是指道德修养、精神境界和个人品位。

二、素质的特征

素质的特征可以简单概括为 5 个统一,即遗传性与习得性的统一,自然性与社会性的统一,稳定性与发展性的统一,潜在性与现实性的统一,共性与个性的统一。

(一)素质是遗传性与习得性的统一

人的素质不是先天的,生来就有的,因而不是先天遗传因素。但先天遗传因素是人素质形成和发展的前提条件和物质基础,后天的教育和社会环境的影响,以及自身实践则是素质形成和发展的决定性因素。因而,人的素质是教育和学习的结果,是可以自主培养、造就和提高的。但另一方面,如果缺乏遗传因素这个物质基础,要形成和发展素质也是不可能的,因而素质是遗传性和习得性的统一,是生理因素和心理因素的统一。这里还要强调,虽然生理因素更多源于先天遗传,但环境影响和教育对促进生理因素发展同样重要。例如脑细胞活动的强度和效率,神经联系的速度等,都是可以在后天适当刺激的作用下,特别是有针对性、有计划的教育训练的作用下得到高度发展的。

(二)素质是自然性与社会性的统一

人是自然属性与社会属性的统一。自然属性主要指人的身体结构、神经系统和感觉器官的生理特征,社会属性则主要指人的各种社会关系,以及社会文化对人的影响。人的素质是在人的自然属性的基础上,在社会文化的作用下被培养、发展起来的,素质是自然性与社会性的统一。

(三)素质是稳定性与发展性的统一

由于素质是人的身心组织结构系统及其品质,是知识经验内化升华的结果,素质一旦形成就难以改变,因而具有稳定性。但身心组织结构系统并不是一个封闭不变的系统,而是一个开放的系统,是一个由上下左右、纵横交错的神经联系按照一定的结构组织起来的网络系统,是一个不断获取信息、加工信息并产生新的信息的发展系统。每一次新的学习,都会为这个系统增添新的组元和联系,都会对原有系统产生或多、或少的改进和变革,素质也就会有相应的扩充和发展,因而人的素质是稳定性与发展性的统一。

人的心理结构系统是一种能够不断自我创新的发展系统。这种创新,既来自内部的激发,也来自外部的激发。心理结构系统在内容上表现为一定的知识经验结构,也叫认知结构,这种结构是处于动态中的,它有动力源,就是人的精神需要。在这种需要的推动之下,它总处在不停地运动中,总在寻求各部分知识经验间的更本质的联系,总在寻求知识经验中隐含的更加深层次的规律。一旦找到了这种联系或规律,认识就会发生一次飞跃、一次突破,也就是一次自我创新。这种突破,往往以某种顿悟的形式出现,心理结构系统也随之进一步优化。

在外界信息的触发下,在实践活动的激发下,心理结构系统也会进一步发展和优化。这种发展,往往采取两种基本形式。一种方式是系统的扩展与融合,表现为对新信息、新知识的吸收,新的联系、新的网络的建立,与原有结构系统的协调配合和融合,从而使原有系统更加充实和完善。另一种方式是对原有心理联系的否定和更新,对原有心理结构的改建、重组,使之更正确,功能更强。所以,任何人都要对自己的心理结构系统进行改进和更新,在当前科技、社会、经济都在快速发展的情况下,如果不能与时俱进,就会跟不上形势,就会落伍,甚至会被淘汰。高素质人才没有终身制,培养、提高素质不能在短期进行,需要毕生的努力。

(四)人的素质是潜在性与现实性的统一

人的素质是内在的,因而素质具有潜在性,但人的素质又一定会通过人的言行表现出来。我们是根据人的现实表现来判断、评价人的素质的,因而素质也具有现实性。素质的相对稳定性使素质能相对持久地影响人对待外界事物和自身的认识和态度,左右人的行为准则和行为方式,左右人进行活动的效率。因此,我们可以根据人的言行,人在实践活动中的具体表现,间接地了解、判断、评价人的素质。由于人在不同的环境中往往会有不同的表现,因此对人的素质的认识就需要一个过程,需要通过多方面的考察,有时甚至需要经过长期的考察,才能够准确评价一个人的素质。对教育来讲,就是要找到更快、更准确地了解和判断一个人的素质的办法,从而能更好地、更有针对性地培养和提高人的素质。现在不少单位在招聘人才时往往既要笔试,又要面试,笔试能较好地了解一个人掌握知识、分析问题的情况,而面试往往能更好地了解和判断一个人的素质发展水平。当然,通过一次笔试和面试想要准确而全面地了解一个人的综合素质是很困难的,因此,用人单位往往还规定了一定的试用时间,以进一步考察所招聘的人能否胜任工作。

(五)人的素质是共性与个性的统一

每个人都生活在一定的社会和群体之中,社会、群体与个体相互作用的结果,使得个体素质中包含了社会、群体中一些共性的内容,特别是社会核心价值观、历史文化传统等的影响,往往使个体素质融入了这些成分,因而个体素质都有共性。但由于先天条件和后天社会经历的不同,每个人素质的特点和发展水平都是不一样的,素质具有鲜明的个体性、独特性,不应也绝不可能强求一致。只有根据每一个人的素质的独特性来培养发展其素质,才能收到更好的效果,这是培养和提高素质的一个重要规律。

在人的素质发展问题上,要承认多样性和独特性。不能强求一致;不能简单地用好或差、高或低来评价一个人的素质发展特点和水平;更不能给素质打分,用分数来反映素质的发展水平。我们既要全面发展素质,又要突出特色。这里的全面是指素质全面,即身体素质、心理素质和社会文化素质都要得到发展,综合素质或者整体素质较好,绝不是学科全面,而是有所侧重、有优势、有特色的整体发展。因此,每一个人都要认清自身的优势和不足,采取更加适合自己的方法,更好地发挥自己的优势,发展自己的特色,在特色发展中求得整体素质的不断提高。

第二节　素质教育的基本理论

一、素质教育的分类

按素质教育的实现范围来分,我国素质教育主要分为个人、社会和国家三个层面。

(一)个人素质教育

个人素质教育是指学生个人在应试教育环境下,通过改进学习方式,在一定程度上实现素质教育。而这种学习方式就被称为个人素质教育学习方式。个人素质教育的准确定义是：

一是学生个人在应试教育环境下尽全力实践素质教育要求形成的一种先进的学习方式。身处应试教育大环境的学生，并非对自己的学习生活无能为力，凭借学生的学习主体地位，他们仍然可以发挥自己的主观能动性，最大限度地按照素质教育的要求改进自己的学习方式，从而实现"自己的"素质教育。

二是素质教育与应试教育的结合体。由于学生不可避免地身处应试环境，素质教育的实现不可能十分彻底，所以个人素质教育必定会含有应试教育的某些因素。比如，虽然以提升综合素质为根本目的，但以取得高分为首要目的。

三是大多数优秀学生的经验总结。由于应试教育的片面性、狭隘性和低效性，天分并不十分突出的应试教育学习方式实践者往往苦学无效，很难取得十分优异的成绩。大多数优秀学生能取得好成绩，去除先天因素外，根本原因在于其实践了一种兼顾分数与能力，博采应试教育和素质教育两家之长的先进的学习方式，即个人素质教育学习方式。

(二)社会素质教育

社会素质教育，是指在一定范围内和一定程度上实现的素质教育。这种素质教育模式跨出了一个人的个人素质教育范畴，首次在集体范围内实现了素质教育；跨出了学习方式范畴，首次涉及了教育教学模式领域。目前，这种模式最常见的表现形式是高校素质教育和地区素质教育。在政策限制、教育发达地区（一线城市）和升学压力相对较小的高校（如小学、初中），这种形式成为素质教育的主要实现形式。

(三)国家素质教育

国家素质教育指的是在全国范围内以宪法、法律和地方行政法规为法律基础，拥有完善体制机制保障的完全意义上的素质教育。实现国家素质教育是中国教育改革的最终目的。

二、素质教育的基本特点

(一)基础性

素质教育是"为人生做准备",即"为人生打基础"的教育。这就从社会经济发展对人的素质的基本要求上规定了素质教育的性质。

素质教育的基础性要求:一方面必须使学生所接受的教育内容是当代社会要求每一个公民所必须掌握的;另一方面从社会发展的角度,必须让每一个学生掌握"学会做人、学会学习、学会健体、学会劳动、学会审美"等基本技能。

(二)发展性

素质教育的发展性意味着素质教育对学生潜能开发和个性特长发展的高度重视。一是教师要相信每个学生的发展潜能。每个人都有潜能。目前个人能力的高低很大程度上是个人潜能开发的程度不一样,而且绝大多数人的潜能没有得到充分开发。二是教师要创造各种条件,引发学生的这种无限的创造力和潜能,使每个学生都有机会在他天赋所及的一切领域最充分地展示并发展自己的才能。

(三)主体性

素质教育的主体性,从根本上说,就是教师要尊重学生的自觉性、自主性和创造性。一是教师要尊重学生的独立的人格,这是教育的前提,也是对待学生最基本的态度。教师不可能喜欢学生的一切,但教师要认识到学生是一个有价值的人,一个值得尊重的人。二是要把学习的主动权交给学生。在教育教学过程中教师要善于激发和调动学生学习的积极性,要教会学生学习,要让学生有自主学习的时间和空间。

(四)开放性

素质教育的开放性,一方面要求拓宽原有的教育教学空间,真正建立起高校教育、家庭教育和社会教育相结合的教育网络;另一方面要求拓宽原有的教育教学途径,建立学科课程、活动课程和潜在课程相结合的课程体系。

第三节　新时期高校素质教育的意义

进入 21 世纪,知识经济的出现,是人类社会进入以智力为依托的经济时代的标志。在这个时代,我国已成为一个高等教育的大国,基本形成了具有一定规模、一定特色的高等教育体系。因此,顺应时代的要求,培养全面发展学生身心素质的教育模式便应运而生。

一、推行高校素质教育的意义

伴随着现代高校教育的蓬勃发展对人才需求的客观要求,高校素质教育的重大意义已经凸显出来。国家的发展、民族的振兴都离不开对素质教育的求索之路。

(一)社会主义建设事业的需要

随着国民经济的飞速发展,对人才的需求已经更注重强调对"质"的追求,对素质全面型人才的需求量也逐渐加大。随着我国高等教育事业的发展,高校不断扩招,高校学生人数不断增加,因此,就业形势也随之日益严峻。面对此种情况,新的就业制度全面实施,市场经济条件下,毕业生就业将面临更大的竞争性、风险性和流动性,毕业生的前途命运更直接影响着高校的市场竞争力。目前,随着社会形势的变化,应试教育面临着向素质教育转换的紧迫性。21 世纪是一个以和平与发展为主题的新世纪,高校应跟上时代的潮流,努力培养适应 21 世纪经济科技发展和社会进步需要的高素质人才。

(二)中华民族自立于世界强国之林的需要

各国之间的竞争,说到底,是人才的竞争,是民族创新能力的竞争。随着市场经济和科学技术,尤其是信息科学技术的迅猛发展,经济全球化的趋势愈演愈烈,世界对人才的要求也越来越高。从某种意义而言,这种全球化的过程也是人的社会化的过程。这种社会化不再是一种单纯地从

"生物实体"向"社会实体"转化的过程,而是在此基础上进行更深层次地加工。科技是第一生产力,科技进步是经济发展的决定性因素;深化科技和教育体制改革,能够促进科技、教育同经济的结合。经济发展很大程度上取决于科技发展,而科技发展则取决于人才发展,只有培养高素质的综合型人才,才能最终满足目前和将来经济高速发展的需求,使我国立于世界强国之林。

(三)人才培养战略的重要步骤

中国是一个人口资源大国,实施科教兴国战略和人才强国战略,是国家发展和创新的重要环节。如今,综合国力的竞争,本质上是一场科技竞争,而归根结底是创新人才的竞争。与此同时,人才在企业竞争和市场竞争中也日益凸显出重要的作用。面对激烈的国际人才竞争形势,制定符合时代需求的人才资源战略,培养和营造有利于创新人才成长的社会环境,优化创新工作的程序是我国急需解决的问题。素质教育是人才培养的重要保障,因而素质教育是当今教育改革的重要内容之一。推进素质教育是我国教育现代化的必然要求。

(四)高校教育改革本身的需要

新世纪高校素质教育,是以"人的全面发展"为核心,以学生素质发展为中心,以科技教育与人文教育为基础,以"培养学生的创新精神和实践能力"为重点,以学生全面成才为目标,以提高学生综合素质为目的,培养适应21世纪发展需要的、德智体美劳全面发展的高素质人才。因而,高校实施素质教育要坚持理论与实践相结合的原则,把教育方针、培养目标、素质教育理论与"中国情""本校情"结合起来,形成规范系统的高校素质教育特色;要坚持整体性与层次性相结合的原则,把面向全体学生,提高学生整体素质与分层次、有针对性的教育结合起来,在提高学生整体素质的同时,充分挖掘学生的潜能、个性和特长;要坚持基础性与发展性相结合的原则,把面向培养全体学生的基本素质教育与引导学生个人的多方面发展的教育结合起来,既有共性的基础要求,又有个性的发展要求,充分体现素质教育的价值意义。

素质教育是我国高等教育改革的必由之路。随着高校走向市场,高校毕业生由统一分配到双向选择自谋职业,高校必须面向社会需求培养人才,必须重视学生的素质培养。应该说,强调素质教育,绝不是中国教育的个别选择,而是一个社会问题。

二、高校素质教育是教育事业发展的必然要求

高校教育的发展需要求实,更需要创新,因为社会对人才的需求越来越高,层面也越来越多。把素质教育推向更重要的位置已经是高校教育发展的必然要求,也是培养新时期优秀人才的必由之路。

(一)重视素质教育是高校人才培养战略的必然选择

经济的飞速发展,科技的不断更新,以及愈演愈烈的经济全球化趋势,致使社会生产对人才的要求也在不断提高。而现代社会的科技进步、产业更迭、人才流动又决定了教育不再仅仅是一种学习传递,而应是一种学习迁移。而这种学习的迁移性主要是在高校阶段完成的。因此,只有在高校中加强学习迁移素质的训练,才能实现大学生的"再社会化",从而适应经济全球化的要求。高校的主要任务是为社会培养人才,若学生的就业状况不理想或在市场规则下难以生存,就不能说很好地贯彻了教育要为现代化建设服务和为人民服务的方针。作为高等教育实施者的高校,理应客观审视自身不足,适应时代需求,及时调整制定人才培养战略,为经济社会发展做出更大的贡献。近几年,扩招和就业机制市场化、社会分工和职业变化,深刻影响着高校人才培养模式,如何最大限度地满足社会公众及国家对高等教育的殷切期望,始终是高校教学改革和人才培养的终极关怀。

(二)素质教育是培养新时期优秀人才的必经之路

在知识经济时代,国家急需创新型人才。传统工业经济生产的特点

是机械化、批量化、专业化,与之相适应的高校教育培养出来的人才应具有扎实的专业知识和较强的纪律性,但这种教育模式有其内在的惰性。在课程设置上,它以"学科本位"为主题,忽视了对学生的个性、能力、创造力进行必要的训练。其教学不能局限于科学知识的传播、复制、占有,而应深入地进行真正意义上的科学教育。

因此,伴随着人类迈进知识经济时代,高校实施素质教育,特别是创新素质教育,迫在眉睫。知识经济是融信息化、智能化、网络化为一体的新经济形式。创新是知识经济的核心和灵魂。科学研究的不断进步和高新技术的不断创新是知识经济发展的主要动力。而在高校中实施素质教育必然是新时代的要求,是适应社会转型和由外来文化涌入而引起的价值冲突及矛盾的需要。

面对经济全球化带来的文化价值多元化的趋势,当代大学生应担当起文化的沟通和融合的历史重任,应在构建社会主义市场经济价值新体系中充当先锋者,而不是迷惘者、彷徨者。而这些都要求高校实施素质教育。

第五章　大学生综合素质培养

第一节　大学生人文素质培养

一、强化人文教育理念

(一)积极贯彻以人为本的观念

人和人的发展是以人为本的根本,也是正确理解什么是教育的逻辑起点,是思政教育工作中的重中之重。教育是为了丰富人的知识,拓宽人的视野,开放人的思维,更重要的是为了促进人的全面和谐发展,使人在经过教育后能够站在更高的境界与层次上去看待问题,为社会做出贡献,以实现自己的人生价值。以人为本就是坚持人的自然属性、社会属性和精神属性的辩证统一。以人为本就是一切从人的需要出发,主张人的发展不仅是发展的根本目的,更是发展的根本动力,一切为了人,一切依靠人。在高等教育系统中,人是最基本、最关键的因素,因此高校的思政教育要充分重视人的因素。

高等教育的目的不再只是为国家和社会培养高级人才,更主要的是它要满足受教育者个人的需要,使受教育者也从中受益。在高等教育系统中,受教育者个人需求的满足,一方面指在高等教育体系中,个人价值是非常重要的价值取向,高等教育具有促进个人发展知识能力,培养文明素养和改变社会地位等多方面的价值;另一方面指高等教育的私人收益率,从教育经济学角度来看,高等教育已逐渐成为个人和家庭投资的主要方向,其自身蕴含着很大的收益率,可在劳动力市场上获得更大的回报。

高校在思政教育中贯彻以人为本的教育理念,是以培养和造就具有人文精神的知识分子为首要目标的。高校的管理者在思想上要认清高校的性质、作用和地位,认识到高校是创造和传播文化的重要领地,而所有文化都以体现人的普遍价值、社会正义和美好理想的人文精神为灵魂,也就是说这一切都是"以人为本"的,以人为本应当成为高校办学的最高宗旨。因此,高校办学不能只顾追求规模、排名,却忽视高校教育的根本目的和功能。事实上,一所一流高校的形成,是要建立在具有人文精神的各类专业人才的培养上,建立在真正的知识分子的培养上的。在思政教育工作中贯彻以人为本的观念,就是要把大学生的切身利益放在首位,以实现大学生的全面发展为目标,从广大学生的根本利益出发谋求高校的发展,通过高校的持续发展来满足大学生日益增长的物质文化需求,切实保证学生各方面的权益,让高校的发展惠及每一位学生。

在高校思政教育工作中贯彻以人为本的理念,是高等教育发展的客观要求。21世纪强调以人为本,促进人的全面发展日益成为时代发展的潮流和趋势。创新是为了发展,发展是高校的终极目标,但发展的目的是人的发展,是促进大学生的全面发展。发展是一个手段,人和人的全面发展才是最终目的,而发展需要有一个和谐稳定的社会环境,只有构建和谐高校,才能真正体现以人为本,从而促进大学生的全面发展。

(二)帮助大学生树立正确的人生观、价值观

培养当代大学生的人文精神,关键环节就是帮助大学生树立正确的人生观、价值观。人生观是一定社会或阶级的意识形态,是一定社会历史条件和社会关系的产物。受人们世界观的制约,人生观的形成是在人们实际生活过程中逐步产生和发展起来的。人与动物的显著区别是人具有思想。作为思想的一部分,人生观是人们对待人生的目的、人生的价值、做人的标准等人生问题的比较稳定的根本观点和态度。处于不同社会关

系中的人,由于政治利益和经济利益的不同,受多方面因素的制约,一般会形成不同的人生观。对于当代的大学生来说,应当对其深入持久地开展关于人生的意义、目的和价值的教育,帮助大学生真正懂得人生的意义,使其所学贡献于人民、社会,把人民群众的利益放在心上,力求为人民做好事。

价值观和价值观体系是决定人的行为的心理基础。价值观是人们对社会存在的反映,是社会成员用来评价行为、事物以及从各种可能的目标中选择自己合意目标的准则。

价值观通过人们的行为取向及对事物的评价、态度反映出来,是世界观的核心,是驱使人们行为的内部动力。它支配和调节一切社会行为,涉及社会生活的各个领域。而高校在思政教育工作就是要将社会核心价值观引入人文精神的培养中。社会主义核心价值体系是中国特色社会主义主流意识形态的本质体现。坚持社会主义核心价值体系要求我们必须巩固马克思主义指导地位,坚持不懈地用马克思主义中国化的最新理论成果武装全党、教育人民,用中国特色社会主义共同理想凝聚力量,用以爱国主义为核心的民族精神和以改革创新为核心的时代精神鼓舞斗志,用社会主义荣辱观引领风尚,巩固全党全国各族人民团结奋斗的共同思想基础。大学生核心价值观的建构不仅为建设中国特色社会主义国家奠定了坚实的理论基础,也为广大高校学者今后的理论研究指明了方向和任务,更为高校思政教育工作的创新过程中加强大学生人文精神培养提供了新的思路。具体到高校自身,应在以下几方面有所作为。

第一,在思政教育工作中要始终坚持以马克思主义为指导思想。马克思主义指导思想是社会主义核心价值体系的灵魂。当代大学生只有依靠马克思主义的观点、理论和方法的指导,才能在错综复杂的社会现象中看清事物的本质,明确经济社会的发展趋势和方向,正确认识社会思想意识形态中的主流与支流。

第二,高校思政教育工作要始终坚持以中国特色社会主义共同理想为核心内容。中国特色社会主义共同理想是社会主义核心价值体系的主题,它包括坚定对中国共产党的信任,坚定走中国特色社会主义道路,坚定实现中华民族伟大复兴三方面内容。当代大学生对中国特色社会主义共同理想的意义有着切身的体会,但并未经历过苦难的他们,在社会变革发展的过程中更容易出现内心的迷失与矛盾,因此在思政教育中始终将中国特色社会主义共同理想作为核心内容显得尤为重要。

第三,高校思政教育工作要始终将以爱国主义为核心的民族精神作为主旋律。中华民族上下五千年的传统文化,造就了我们伟大的爱国主义情怀,孕育了中华民族自强不息、勤劳勇敢、爱好和平的民族精神和时代精神。而民族精神与时代精神的培养,是当代大学生人文精神培养的题中应有之义。

总之,社会主义核心价值体系继承了中国传统的宝贵价值观,是承载着中国特色社会主义的共同理想核心价值体系的基石。广大教育工作者应本着对国家民族的前途命运高度负责的态度,紧紧围绕构建社会主义核心价值体系的目标要求,坚持以正面教育引导为主的教育方法,共同担负起引导大学生牢固树立社会主义核心价值观的重任。

(三)重点培养学生的主体意识和自由意识

任何脱离了知识和文化载体、脱离人类的实践经验和社会生活的抽象的思政教育是没有现实意义的。新时期思政教育工作的教育对象,不是思想道德"容器"或"经济动物",而是具有明确奋斗目标、高尚审美情趣,既能创造又能懂得享受的主体。以人为本的思政教育工作是在现代复杂的社会背景下,充分尊重大学生的差异性和独特性,尊重大学生的自由和自主,尊重大学生个体的成长,培养大学生独立思考、合作的精神,并且培养大学生对自己反思和质疑的能力,注重培养大学生正确的世界观、人生观和价值观,从而提高大学生的人文素养,使大学生成长为具有健康人格、富有创新精神的适应社会发展的人才。

(四)大力培养学生的科学精神和创新精神

科学精神是坚持以科学的态度看待问题、评价问题,而不借用非科学或者伪科学的手段。科学通过求真可以达到求美、求善,把真善美的统一作为自己的最高价值准则,这是科学精神的最高层次。谈科学精神不得不谈人文精神,在我国这二者是在相对的情况下提出并对比的。科学精神与人文精神本是从一个母体中诞生的,都与文艺复兴有关,但后来随着学科的发展与分化,这两个学科在一些问题上产生了冲突。实际上这两种精神都是正面的,都是人们所需要的。作为一个现代人,我们要努力按照科学精神和人文精神的共同要求做人、做事。科学精神和人文精神是人类精神必不可少的组成部分,也是人类实践不可或缺的精神动力。科学精神与人文精神互相影响,主观上有利于形成正确的人生价值观;客观上有利于形成和谐的人际关系。因此,在现代社会中如何共建科学精神和人文精神,是 21 世纪高校思政教育工作必然面临的历史课题和必须承担的历史责任。

创新精神指对各种价值观念、思想观念、行为准则的创新,具有能动性、导向性。人们如果失去创新精神,即便知识渊博也很难有所建树。创新精神属意识范畴,是通过人文环境和深刻的文化底蕴的熏陶,并在实践中不断地提炼出来的。创新精神的形成绝非简单的科学知识和专业知识堆积的量变结果,而是人们利用知识这种工具结合实践经验所形成的质的飞跃。科学知识要回答的问题是"是什么""为什么",只告诉人们客观世界的既定事实及由其总结出的规律,只是给人们的创新提供了良好的工具;而人文知识要回答的问题是"应该是什么""应该如何做",是求解的过程。因此,具有导向性、主动性的创新精神只能来自人文精神和科学精神的有机结合,也就是说创新活动只能从实践中来,既定的科学知识在实践中派生出外部的人文知识、人文环境、人文实践。

创新是一个民族进步的灵魂,是一个国家兴旺发达的不竭动力。创新精神是人类最高层次的精神,它是教育改革的核心,培养学生的创新精神必须着力培养学生的创新能力。21世纪是知识经济时代,而知识经济的本质就是创新,培养创新精神是时代对大学生人文精神提升所提出的基本要求。所以,新时期高校思政教育工作必须非常重视创新精神的培养。教育者需要做到两点。第一,充分激发大学生的创新潜能。其大致有四种方法:①良性暗示,即开发头脑中的潜能,使大学生尽可能多地从周围环境和别人身上得到良性暗示;②幽默氛围,适当的幽默可以缓解紧张的生活情绪,协调人际关系,有助于摆脱固有的理性思考的束缚,为创新精神的培养提供条件;③制造困境,人在遭遇困境或陷阱的时候,会展示出非凡的能力,只要能适当地为自己制造困境,就会开发出无尽的潜能;④成果激励,每一个人都希望自己的劳动能够获得成果,因而用未来的成果便能很好地激发出一个人的积极性,使其大脑高速运转起来。第二,使大学生积极投身社会实践。投身社会实践是培养大学生创新精神的落脚点。实践是检验真理的唯一标准,因此,要开发大学生的创新精神,培养大学生的创新能力,必须让其投身社会实践。只有在实践中才能找到想与做的差距,只有在实践中创新理念才能变为现实。

二、加强人文学科体系建设

(一)调整课程设置和专业结构

未来社会需要的是复合型人才,高校提倡文理渗透,科学与人文并举,从而有效防止培养有才无德的学生。所以,适应现代社会的教育机制应该讲求科学与人文的统一,既要教会学生"如何而生",又要让学生领悟"为何而生"。

在教育体制中人文教育依然备受抑制的背景下,调整课程设置和专业结构,已经必须提到各高校教学改革的日程上。高校要想彻底改变人文精神失落的现状,就应该大力扶植人文学科的建设和发展。各高校应该充分意识到人文学科的教育价值,采取积极措施,加大在图书、设备等硬件设施方面的经费投入,优化资源配置,注重优秀师资力量的支持和引进,在各个方面给予政策倾斜。因此,在高校思政教育中必须优先发展人文教育,尽快使人文学科发展成为跟自然科学类学科并重甚至超越它的优势学科。

(二)加强人文知识的普及

人文精神的形成过程是一个从实体到认知的过程,即由具体的知识、到处理事情的方法、最后到形成观念的过程。培养人文精神的基础是人文知识的不断学习与积累。通常意义上的人文包括人文精神和人文知识。著名英国教育家利文斯通认为人文学科具有的特点包括:第一,告诉人们"人"是人的精神和人的本质的结合;第二,使人拥有灵活的头脑,并且懂得自我批判;第三,教人学会欣赏,使人开阔眼界。可以说,人文知识的学习有助于我们以直接或间接的方式懂得人生的价值,让我们能够认识自己的内心世界,并学会承担社会赋予我们的责任。人文知识积累得越多,我们观察事物的视野也就会越宽,处理事务时融会贯通的能力就会越强,进而我们的创造力就越强,最终成功的可能性就越大。因此,要想提高学生的人文素养,合理设置人文课程是必不可少的。

1. 重视人文教育的课堂教学过程

课堂教学是当代高校对学生进行教育的主要手段,当然人文教育也不例外。因此,在学科设置方面,适当地增加人文社会学科课程的课时数,是十分必要的。除此之外,高校还要充分利用各学院的专业优势,进行教学资源整合,使各系之间实现资源共享,例如设置人文学科成为全校选修课,使全校学生可以跨专业、跨学科选修这些人文学科,优化学生知识结构,拓宽学生的人文视野。在课堂教学方面,教师在课堂教学过程中应该将人文精神渗透所讲的内容中,不仅做到"授业、解惑",而且做到"传道",教育学生养成正确的人生观、价值观。人文教育应该以古今中外的一切优秀文化成果为蓝本,内容涉及人文科学中文、史、哲等所有领域。让学生通过学习这些课程并参与相关活动,在思想中沉淀一种文化,并使之潜移默化地影响自身的行为,以确立正确的处事原则,如爱国主义、集体主义教育等。

2.定期开展人文知识讲座

高校各系之间要整合资源定期举办人文知识讲座,并鼓励学生多阅读人文相关的书籍。由于讲座不记学时、不会考试、不记名听讲等特点,非常符合现代大学生自由的性格,因此讲座的形式在高校中颇受学生欢迎。讲座的内容可以是主讲人的亲身体验或者是精心准备的其他内容,主讲人应突出主题,以演讲式的激情,发挥其强大的感召力,使讲座的内容引起大多数学生在时间和空间上的共鸣。而这种感召是可以传染的,受感召的学生会感召同宿舍、本高校乃至校外的人们,从而产生巨大的精神效应。

(三)高度重视高校德育工作

要想普遍提高大学生的人文素质,高校德育工作势在必行。在新的时代,它肩负新的使命,就是为国家培养高素质的合格人才。所以,各高校必须从实际出发,努力探索新时期大学生德育工作的新方法、新途径,增强教学目标的实效性。目前,我国的高校德育工作主要是通过政治课实现的,通过对哲学的剖析,让学生对人的存在及其本质有所思考,通过探究人与人的关系、人与世界的关系,拓宽学生的思维,陶冶学生的情操,使之建立良好的品行、正确的价值观。因此,我们必须提高思政教育课程在高校课程中的比例,以增强其在引导学生正确做人中的作用。

德育课包含的内容非常丰富,在教学过程中我们应立足高校德育工作的现实状况,重点培养以下内容。

1.重点培养学生的理想信念

人活在世上不能没有理想,理想是我们力量的源泉,是我们生存的动力,它使我们在生活中不断完善。理想是人生的奋斗目标,是人们对未来的一种想象。

一个人如果失去了对美好未来的希望和想象,就没有了生活的精神支柱,没有了战胜艰难险阻的勇气,从而会失去创造更加灿烂的生活的动力。社会亦是如此,一个社会中的人如果失去了理想、信念,就不可能团结,这样的社会是动荡的社会,是不和谐的社会。

在现代社会中,一些大学生没有"信仰",没有真正意义上的精神支柱,很容易产生空虚的感觉,所以,我们要强化对大学生人文意识的培养,坚持理想信念的教育,深入进行爱国主义、集体主义的教育,使大学生树立正确的世界观、人生观和价值观,唤醒大学生的人文精神,提升大学生的综合素质水平。

2.重点培养学生的道德修养

人文精神的培养最核心的内容就是道德的培养,其也是高校思政教育的最终目标。要想培养学生的人文精神,重中之重就是对学生进行道德教育,这也是高校思政教育的要求。道德是一种社会意识形态,是人们共同生活的行为准则与规范,是社会生产与生活中人与人之间关系的直接反映。一个完善的社会体制必须存在一个高于一切的道德约束,倘若一个社会没有了道德的约束,那么社会的发展便没有了保障。因此,加强高校的德育工作是培养大学生人文精神的必要条件。

在加强的过程中要重视:首先,加强学生的道德认知能力培养,就是让大学生在学习过程中,认清道德所包含的内容,辨明什么是合法的,什么是不合法的,什么是应当做的,什么是不应当做的。其次,加强道德伦理秩序的制度化建设,对经济社会中的负面因素加以约束和引导。最后,强化传统道德思想教育。通过对传统道德的发扬,唤起人们对高尚品德、美好事物的向往,从而提高人们的道德认知,有效地抵制拜金主义、利己主义等负面影响,营造良好的道德伦理氛围。

(四)将人文精神贯穿于专业课的教学中

人文精神无处不在,它存在于我们每个人生活的各个细节中。人文精神的培养,不是简单地合并相加现有的学科,而是要将人文学科和自然学科进行有机结合,将人文学科渗透所有的学科当中,渗透所有的课堂当中,旨在让所有专业的学生树立共同的世界观、人生观、价值观,使他们形成共同的道德行为准则,最终形成科学与人文的统一,个人与社会的统一。如果教师能在大学生四年的高校时光里将人文教育渗透每节课,那么一定可以取得事半功倍的效果。高校教育工作者必须改变过去的重理轻文的思想,摒弃那种培养纯粹的"技术工作者"的观念,同时要改变过去那种纯粹讲述专业知识的教学方法,除了讲述专业知识以外,还要穿插人文精神教育。

教师在教授每一门具体课程时,都应该研究并且解决的问题有:怎样才可以让学生在学习过程中充分体现自己的主动性;让他们在研究中尊重事实但不盲从轻信;让他们在自己的信念与固有思想产生矛盾时,敢于坚持自己的信念,有质疑的勇气,有探索的科学精神。这就要求教师在上课的过程中,除了注意传授专业知识外,还要注意人文精神与专业课教学的融合,有意识地进行理中带文、文理渗透的教学,将理性科学问题放在社会的具体事例中,方便学生进行全方位综合思考,最大限度地将人文精神渗透专业知识之中。我们要想将人文精神贯穿于专业课的教学中,应遵循四个原则:第一,建立平等的师生关系;第二,以激发学生自身的求知动力为目标;第三,重视对大学生道德理想树立的引导;第四,注重培养学生的思维方法。

第二节 大学生职业素质培养

一、提升教师的职业素养

教师是教育的主体,教师的思想、品格、职业素养直接对学生产生影响。教师要在学生的职业素养培养过程中起到身先示范的作用,既要熟练掌握教育学、心理学、教学法等知识,又要具有较高的道德修养,用自身的人格魅力、良好的品德修养和教育情感去熏陶和感染学生。在此基础上,教师还应适时通过调查了解行业企业对人才的素质和技能要求,及时更新教学内容,改革教学方式方法。

(一)新时期教师提升职业素养的重要性

新时期,课堂教学主体虽已转换为学生,但教学的组织者仍是教师,教师应通过自身的职业素养,对课堂教学节奏进行合理把控,有序完成各种教学理念的渗透。教师拥有较高的职业素养,是开展常规教学的前提条件。教师作为高校开展教学科研活动的主力,基于自身的职业素养在教学中灵活树立目标,合理推行教学方法,能够为高校营造积极向上的学习氛围,同时教师也能保持旺盛的生命力、强大的凝聚力、卓越的战斗力。此外,教师作为学生步入知识殿堂、走入社会的引路人,其职业素养所促成的专业化发展俨然是学生个体发展的重要保障。教师若始终执着于完善自我、充实理论、增加本领,将会直接影响周围的学生群体,促使学生养成良好的习惯,并不断提升自身的职业素养。

(二)提升教师职业素养的方法

1.加快提升教师的业务素质和能力

(1)不断完善教师的继续教育、培训机制

以需求为导向,以能力要求为依据,有目的、有计划地开展教师继续教育和教育教学培训。实施全面提升教师学历、学位工程,举办各类教育教学研修班,提升中青年教师的专业水平和教学能力;邀请一批具有国际视野的专家到校开展讲座或培训,拓宽教师的知识领域和学术视野;重视中青年教师的培养,有计划、有步骤地对教师进行针对性的培养,从个别到整体逐步实现教师培养的全面性和完整性;注重教师的日常培训与专题培训相结合,日常培训侧重理论培训,专题培训侧重实践教学的培训,促进理论与实践两个方面共同发展;侧重组织各项有利于提升教师职业素养的活动和测评,促进教师自我认识的提升。

(2)提升信息化教学能力

广泛开展教师信息化教学能力提升的培训活动,如参加省市高校师资培训中心举办的"教育技术培训",不断提高教师的信息素养;与合作企事业单位共建一批师资培养培训基地和实践基地,校内成立创业创新教育基地,利用各种信息化平台,促进教师专业技能、教育技术应用能力和教学研究能力的提升,提高具备"双师型"素质的教师比例;组织和支持教师、教研人员开展对教育教学信息化的研究;继续举办多媒体教学课件评比活动和实验实训教学技能竞赛等活动,推进教育技术、信息技术在教学中的广泛应用;利用新媒体改革教学方法和教学评价,促使教师转变自身角色,学习先进的教育理念,不断更新教学内容,创新教学评价模式。

(3)加快高层次人才队伍建设

高校应聘用具有行业影响力的专家作为专业带头人来充实高校的兼职教师队伍,引进德艺双馨的能工巧匠和技术能手来承担实操应用型课程的教学任务;主动依托本科教学工程、创新创业平台、协同育人平台,主动与企业开展合作,让教师参加假期顶岗实践,并借鉴成熟的高校高层次人才队伍建设经验,培养高水平的中青年骨干教师和学科带头人。

2. 进一步深化人事制度和管理体制改革

(1)完善考核制度

高校应积极推进以岗位能力要求为依据的目标考核,建立科学有效的教师考核办法和评判标准,使教师考核工作更加规范、合理、公平,并拓展教师的发展空间和上升通道,形成有利于优秀人才脱颖而出的机制。注重教师的"师德"和"业绩"的考核,实行师德"一票否决制"和业绩"末位淘汰制",并将考核结果与教师的职务和收入挂钩。

(2)完善评价体系

高校应制定详细、清晰、能够量化的教师评价体系,以促进教师职业素养的提升。一个既符合实际又具有可行性的教师评价体系,既能全面、客观地反映教师的职业素养,又能对教师起到较好的约束作用。教师能够根据这一评价体系,主动总结经验,并将教学实践和科学研究进行结合,不断提升职业素养,从而营造优良的教风。

（3）完善合同聘用制度，打造教师命运共同体

一是打造教师与高校之间的命运共同体；二是打造教师与教师之间的命运共同体。教师与高校之间的命运共同体的建立，需要通过科学规范的管理以及相应的聘用合同，将高校的核心利益与教师的核心利益结合起来。教师与教师之间的命运共同体的建立，需要高校通过聘用合同将中青年教师的发展与老教师的"传、帮、带"作用有机地结合起来，如中青年教师导师制的建立，既能促进中青年教师的发展，又能体现导师的人生价值。

（4）完善并落实教师工资福利待遇稳步增长计划

切实贯彻"多劳多得"的分配原则，适当拉开分配差距，并落实稳步增长的工资、福利待遇计划，这有利于稳定教师队伍，吸引更多高层次人才从事教育事业。因此，高校一要努力实现教师平均工资水平不低于同等水平院校平均工资水平的目标；二要保证为教师缴纳的各类社会保险费和住房公积金与同等水平院校齐平；三要对表现优秀或做出突出贡献的教师及时给予肯定，为其提供更好的发展条件和空间。

3. 进一步加强师德建设

（1）加强职业道德教育

引导教师树立正确的教育观，使其不断提高职业道德修养，以饱满的工作热情、强烈的责任心和荣誉感，积极地投身教育事业中，肩负起培养祖国栋梁的大任，做"四有"好老师。教师应坚持立德树人、全面发展，将社会主义核心价值体系融入日常的教学活动中，以广博深刻的知识修养与独特的人格魅力，引导学生树立正确的世界观、人生观、价值观、荣辱观，做学生健康成长的指导者和引路人。

（2）完善师德建设制度

以互联网为载体，创新师德建设的途径，建立健全激励机制，通过正面引导和学生评教，多渠道、全方位地开展师德教育。健全师德考评制度，将教师的科研成果、教学能力、教学评价等纳入师德建设中，并作为教

师考核、聘任和评价的首要内容。强化师德教育,加强教师学术诚信制度建设,并制定加强高校学风建设的办法。

4.拓宽教师沟通交流的渠道

高校要为教师的沟通交流提供平台,教师也应积极把握各种机会,如利用公开课、教案研讨、专题学术交流等,加强与同行之间的专业探讨与交流,倡导集体备课,多对教学理念和模式设问,参考和接受他人的可行性建议。当然,高校还应开展具有竞争性的教学活动,如定期开展学生评价教师的活动,由学生提出教学意见,让教师的教学更加用心和严谨,让教师的学术研究更加灵活和专业。

二、利用新媒体提升大学生的职业素养

"科教兴国"是中国实现现代化建设的战略方针。教育信息化是衡量一个国家和地区教育水平的重要标志。运用新媒体平台,对大学生进行教育,是目前信息化时代下的一个重要的教育方向。对比传统的媒体,利用新媒体培育大学生的职业素养更利于学生接受,能够拓展大学生职业素养的交流空间。

大学生素质教育的开发,近年来引起了各国政府和学术界的广泛关注。国内外学者在大学生素养和大学生素养教育的内涵、目标、内容等方面都进行了广泛研究,取得了许多有价值的研究成果,初步形成了大学生素养基础理论研究体系。在新媒体背景下,智能手机和互联网的普及,让手机和互联网成了大家获取信息和沟通情感的主要方式。新媒体对于大学生的职业素养教育来说意义重大,有实际的应用价值。

(一)利用新媒体开展职业素养教育的优势

1.利用学生的琐碎时间进行教育

传统的职业素养教育对教师和学生的时间和空间都有要求,新媒体则打破了教师和学生进行知识交流过程中的时空界限。在实体课堂教学

活动之外,教师可以通过新媒体在互联网上与学生互动。这样就在无形之中增加了教师对学生教育的时间,相当于将教学行为延伸到了课外。量的积累必然引起质的飞跃,长期使用新媒体对学生进行职业素养教育,能够显著提升学生的职业素养。

2.教育内容极具吸引力

传统教学主要采用纸质教材和口头讲解,新媒体则丰富了教学内容的呈现形式。新媒体背景下,互联网上的视频资料和图片资料都可以作为教学资源。与语言讲解相比,这些教学素材更加直观,有利于激发学生的学习兴趣,从而提高学生的职业素养。

3.教学内容容量大

传统的教学内容受到课时的限制,因此十分有限,新媒体背景下则可以对教学内容进行不断扩充。学生就像"海绵","面积大"的学生接收能力强,"面积小"的学生接收能力弱。新媒体背景下,教师可以提供丰富的教学资源,对教学内容进行扩充,学生可以根据自己的实际学习能力进行学习。这就实现了分层教学和有效教学。

(二)利用新媒体开展职业素养教育的措施

1.构建大学生职业教育的新媒体课堂

第一,充分利用高校和校内院系的门户网站及其主页,设立职业素养教育专栏,丰富职业素养教育内容,将最新、最前沿的职业资讯及时地通过网络传递给学生,弥补课堂教学资源的不足。

第二,建立网络电子课堂,使用新媒体技术,将所授课程制作成生动、形象的课件,让学生利用互联网进行在线学习,通过师生双向活动,开展交流讨论,提高大学生的学习兴趣和效果。

第三,大学生的手机使用率特别高,利用这一特点,教师一方面可以使用手机报、校讯通等方式向大学生发送相关学习资料,使他们能随时随地地学习;另一方面,教师也可以利用 QQ、微信、手机 App 等,打造职业素养教育的交流共享空间,营造良好的学习氛围。

总之,新媒体背景下高校的职业素养教育方法和教学内容对学生都具有高度吸引力。

2.利用 QQ、微信等加强学生与教师的实时沟通

职业素养教育需要教师和学生及时进行沟通,不同职业所需具备的素养是不同的。职业素养教学活动中的知识也比较概括,学生需要借助例子来加强对抽象的教学内容的理解。然而课堂时间有限,无法针对各个教学内容依次举例。这就需要教师和学生进行密切联系。新媒体背景下,教师和学生可以借助 QQ 或者微信的语音通信功能来进行实时互动。参与互动的教师可以是专业课教师,也可以是就业指导中心的教师。这样就能够满足学生答疑解惑的需要。总之,新媒体背景下,教师和学生沟通频率的增加,有利于师生进行交流互动,进而实现教学相长。

3.利用电子邮箱来实行大学生职业素养的个性化教育

高校的专业众多,不同专业学生所需的职业素养也大不相同。21 世纪,要实行个性化教育。为了提高教育的效率,可以通过电子邮箱来实现。学生可以将自己的专业或问题作为邮件的题目,并将自己的困惑和需要写在邮件正文中,然后将电子邮件发给目标教师,可以是自己相信的任何一位教师。教师则在空余时间对学生的邮件进行回复,对学生进行指导。这样就高效地提升了个性化教育的质量。总之,新媒体背景下,利用电子邮件来进行教学,能够切实实现个性化教育。同时也实现了高校师资的高度共享。

4.利用微博资源来说明职业素养对大学生的影响

高校对学生进行职业素养教育时,多数为正面教育,即告诉学生需要具备什么样的职业素养。教师也可以利用一些案例对其进行反面教学,让学生意识到缺乏职业素养的严重后果,从而促进其积极地提升自身的

职业素养。

学生的职业素养对其就业有重要影响,学生的职业素养教育一定要引起相关工作人员的高度重视。具体的职业素养教学方式应具有时代特点,不同时代有不同的教学媒介,教育方式也存在较大差异。当下是互联网和信息技术盛行的时代,教师在职业素养教育中要结合新媒体来开展。互联网的平均更新周期比较短,新媒体的具体操作方法和影响力也会相应发生变化,这就需要教育工作者与时俱进,从而满足提升大学生职业素养的需要。

三、职业素养教育与思想政治理论课相融合

(一)职业素养教育与思想政治理论课融合的必要性

第一,传统教学重在介绍重大的、抽象的、共性的理论,而对于与学生实际相关的今后从事的职业应遵守哪些具体的规范,与自己职业岗位关系密切的法律法规有哪些,如何守法维权等涉及较少,实效性自然不会理想,职业素养教育可以填补思政课与"本领课"(专业课)分离的缺憾。因此,教师应在尊重教育部统编教材的前提下,紧密结合各专业群的培养目标选取和设计教学内容。应以学生将来的职业岗位需求、用人单位的用人需求为选取教学内容的依据,在案例选择上贴近学生专业,甚至有些案例可以直接来自学生,这样学生会更加容易接受,也会觉得思政课是有用的,从而增强了思政教学的实效性。

第二,传统思政课很少顾及社会对人才的实际需求,职业素养课有助于实现公民素养和职场素养的有机结合。高校以培养全面发展的人才为己任。开设职业素养教育课程(作为思政课的补充),着重在职场礼仪、职业形象、职场规范、团队意识、敬业精神等方面设计教学,可以实现公民素养和职业素养的有机结合。

(二)职业素养教育与思政课融合的意义

思想政治教育是培养德艺双修人才的重要途径,是提高学生就业能

力和发展潜力的重要保障。职业素养是大学生的必备素养,在思想政治教育中渗透职业素养教育对提高学生的兴趣、促进学生全面发展有着重要意义。

1.有利于提高高校德育实效

职业素养教育只有与思想政治教育的方向保持一致,才能保证教育的方向不会偏航,才能避免教育功利化的不良倾向。思想政治教育只有和职业素养教育统一起来,学生才能感受到学习的意义。在思想政治教育中渗透职业素养教育能够实现二者的互补,能够真正提高德育实效,进而真正做到理论学习和实践应用的统一,为高校的德育教育开辟新局面。同时,渗透职业素养教育,能够让思想政治教育更加具有现实意义,从而保障德育教育实效,促进学生全面发展和进步。

2.有利于突出高校的办学特色

当今的学生不仅应具有相应的专业理论知识和专业技术能力,还需具备必要的职业素养,能够快速适应工作环境,能够胜任一线生产、服务等工作。高校需要不断强化他们的职业道德,培养他们的敬岗爱业意识和团队协作精神。由于办学特色、专业定位、人才标准、社会需求等方面的原因,不同院校的知识技能教育、思政教育以及职业素养教育存在一定的差异。只有将专业学习、思政教育、职业素养教育有机融合,才能真正增强德育教育效果,让自身在同类高校中独树一帜,并提升学生的就业竞争力和发展潜力。

3.有利于培养全面发展的高素质人才

教育服务于人类发展,科学发展观更是强调人的核心价值。现代教育是为了促进学生的全面发展,是为他们的终身发展服务的。高校在思想政治教育中渗透职业素养教育,能够让学生确立正确的政治方向,建立科学的世界观、人生观、生活观以及职业观,做好人生规划,并根据职业规划不断丰富自己的综合素养,不断提升自己的思想素质和道德境界,实现全面发展。

4.有利于帮助学生形成职业认知

把学生的职业素养教育和思政课进行融合,可以帮助学生对职业形成良好的认知。思政课程是高校向学生渗透职业素养教育的平台,而思政课又是大学生的必修课,二者结合,可以大大提高校职业素养教育的质量。

5.有利于帮助学生提高职业能力

现代社会发展日新月异,很多新的职业不断涌现在人们的视野中,这对学生的就业提出了更高的要求,对学生的职业素养也提出了新的标准。就业的目标也不再是简单的"有工作",而是要符合学生的特点,关注学生的创造力和发展潜能。鉴于此,职业素养教育和思政课融合势在必行,这既可以更好地培养学生的职业能力,也能确保学生在未来的职业生涯中能够实现可持续发展。

(三)职业素养教育与思政课融合的有效策略

1.树立科学的职业素养教育理念

将职业素养教育融入高校思想政治教育中,最为重要的一点就是在把握国家政治教育主题的前提下,服务职业素养教育,践行社会主义核心价值观和中国梦,把学生的职业素养教育放在重要位置。

首先,建议高质量现代化职业教育体系全面助力实现中国式现代化,学生具有较高的职业素养,能够胜任未来的工作,能够在工作中更好地发挥自己的才华,就是在以自己的行动践行中国梦。高校思政课教师首先需要认识到职业素养教育的重要性,树立正确的教育理念,只有这样,才能在教育过程中充分重视职业素养教育,才能真正将职业素养教育渗透思想政治教育过程中。

其次,更全面、更深层次地挖掘职业素养教育的本质内涵,推进大学思想政治教育工作一体化,根据教育规律以及自身发展,科学合理安排不同阶段的思想政治教育工作,让学生能够在思政课的学习中主动提升自身的职业素养,不断增强职业道德意识、奉献意识、社会适应能力和沟通协调能力。

2.注重与专业相结合,突出职业素养的提升

第一,重新整合教材内容,突出与职业素养相关的内容。比如"思想道德修养与法律基础"课中的理想信念教育,以往的大学生理想信念教育偏重强调社会主义共同理想和共产主义远大理想,而且在教育途径和方法上往往偏重理论、宣传教育,忽视了学生个体的生活理想、职业理想,忽视了个体的生活实践及其前期信仰。马克思曾说:"人们奋斗所争取的一切,都同他们的利益相关。"所以,理想信念教育要紧密联系他们的学习、生活和工作实际,如果理想信念教育离开了学生自身利益这一客观基础,就会变成一种空洞的说教。同时要在理想信念教育中融入职业素养教育,让学生在实践中感悟现代职业精神,培养坚毅品质,树立更高的职业理想,以担当更大的社会责任。

第二,由思政课教师开设职业素养专题讲座,补充公民素养与职业素养等相关内容。结合思政课中的相关内容,由思政课教师每学期开设1～2次专题讲座。比如,关于人生观的教育,开设"关于金钱与人生幸福"的讲座,把幸福观教育和金钱观教育以及中国传统文化教育渗透教学内容中;针对大学生择业与就业问题,开设"职业素养与职业理想"讲座;等等。

第三,在思政课堂上增加"职业素养每日一语"课前展示环节,潜移默化地提升学生的职业素养。要求每位学生搜集一条关于职业素养的名人警句,在课前写在黑板上,使每个学生在潜移默化中对"职业人"的敬业精神、职业道德及企业文化等有所了解,从而自我约束和自我提升,尽快完成从"学生"向"准职业人"的转变。

3.在教学方法和手段的改革上,着力提高学生的学习积极性

第一,构建德育活动课堂模式。由任课教师根据教材内容及教学大纲要求设计出德育活动主题;将活动主题提前布置给学生,把每个班的学生分成小组,由各小组共同设计活动方案,任课教师批改、指导并选择优秀方案在班会也即德育活动课上实施;班主任与任课教师参加班会并进行点评;最后由各小组互评,并将最后评分作为小组的德育活动成绩;德育活动课后每位学生上交一篇心得,教师及时批改总结并进行点评。

第二,设计项目化教学方案。"项目化教学"是师生通过共同实施一个完整的"项目"工作而进行的教学活动,它既是一种课程模式,又是一种教学方法。这里的项目,是指以生产一件具体的、具有实际应用价值的产品为目的的任务。因此,项目教学更适合专业课教学。

然而,如果打破这一固定思维,"实际上一个项目应该是具有多种形式的,它既可以是生产一件具体的、具有实际应用价值的有形产品,也可以是生产一件抽象的,但是又具有实际应用价值的无形产品——精神产品。这个项目可以是一种思维方式,也可以是一个启示或一种学习方法,也可以是一段对话、一首诗歌、一种感悟、一场辩论等多种形式"。它可以渗透学生的专业学习中,对学生社会能力的提高可以起到潜移默化的作用。

第三,尝试体验式教学方法。体验式课程采用的是实践性体验式学习方法。它的着眼点,不是教师在课堂上讲知识,学生背知识,而是让学生在课堂活动中充分地表现生命的活力。这种教育方式大大丰富了思想政治教育的内容、形式和途径。这种教育过程,不仅是学生行为的参与,更是情感、心理、思维的参与;不仅是知识的积累过程,更是能力的锻炼、品质的形成、素养的提高过程。在"体验课"内容设计上要认真推敲,要符合教材内容和教学大纲要求,同时要符合大学生的成长规律,力求调动所有学生的积极性,真正实现活动——体验——感悟——升华的过程。思想政治理论课的最终目的是,让年轻的学子们能在纷繁复杂的社会中提

高认识分辨能力,抓住事物现象背后的本质,树立正确的世界观、人生观、价值观。在教学实践过程中,教师要做到科学性与艺术性完美结合,让学生真正感受真理的力量、逻辑的力量、信仰的力量。

第四,改革评价方式。过去思想政治理论课教师在评价学生学习质量时,往往简单地以期中和期末成绩以及学生平时的出勤情况为依据,这种评价不能客观地评价学生,不利于调动学生的学习积极性,更不利于学生思想道德水平的提高和职业素养的提升。改革评价方式,就应当改变过去的单一的评价方式,实施多元的评价方式,即把教师评价、同学互评和自我评价相结合,把成绩评定和个人品行表现相结合,更加注重学生课内、课外学习和活动的参与情况。

4.将企业文化引进校园

将行业文化和企业文化引进校园,关注学生的专业学习,是在思想政治教育渗透职业素养教育的重要途径。在教学过程中,教师要为学生提供更加丰富的与学生社会生活现实密切相关的各种思想政治素材;立足已有的经验和兴趣,更好地引导学生思考和研究;指导学生从社会学科的角度出发,分析和研究日常生活。职业素养是行业文化和企业文化的重要组成部分,提高学生的职业素养也是提高学生的就业竞争力的重要方式。教师应关注专业学习与行业发展,实现思想政治教育与企业文化的融合,营造有利于职业素养培养的氛围。

企业文化是企业在长期的经营过程中创造的,不仅包括与学生专业技能相关的科研技术和产品设计,还包括企业制度、管理理念、经营思想、创新体制等,它时时刻刻都在影响着员工的工作和生活。高校在思想政治教育中渗透职业素养教育的最好方式就是引入企业文化,借助企业文化提升学生的政治素养,培养学生的岗位意识,强化他们的创新能力,提升他们的责任意识,让学生能够真正胜任未来工作。

5.帮助学生做好从"准职业人"向"职业人"转变的准备

第一,开设"职业素质教育实践"课程。大一新生安排为期两周的"职业素质认知实践",大二学生安排为期三周的"职业素质体验实践",大四毕业实习阶段,教师将跟踪培养,使大学生在提高专业技能的同时,得到职业素养的提升。

第二,职业素养教育主题班会制度化。每个学年在选取班会主题时必须围绕职业素养教育这一主题,比如,在"职业素质认知实践"结束后,就以"职场规范,从我做起"为班会主题开展交流活动;在"职业素质体验实践"结束后,开展"创造价值,担当责任"的职业素质与职业理想畅谈活动;"职业素质拓展实践"结束后,绝大多数学生都面临由学生向"职业人"的转变,可开展"提高素质,体面就业"等职业素养教育。

第三,学生管理"准企业化"尝试。根据学生所学专业,参照行业、企业规章制度制定班级管理各项制度,实现有效的管理,帮助学生尽快实现身份转换,即由"学生"向"准职业人"再到"职业人"的转变。

第四,将创业教育融入职业素养教育实践项目。在实践中,高校不仅应重视学生基本素质的养成,还应请企业管理者对学生进行企业管理经验、管理方法及企业创业及发展经历等方面的介绍和讲解,培养学生的创业素质,激发他们的创业热情。

参考文献

[1]朱松华,张颖.高校师资队伍建设与教育质量管理创新[M].长春:吉林出版集团股份有限公司,2022.

[2]戴月舟.新时代高校教育管理与创新研究[M].汕头:汕头大学出版社,2022.

[3]张茂红,莫逊,李颖华.高校教育管理与教学研究[M].北京:台海出版社,2022.

[4]单林波.高校教育管理体系构建研究[M].北京:首都师范大学出版社,2022.

[5]杨刚,王新,刘丹.高校教育教学与学生管理[M].长春:吉林出版集团股份有限公司,2022.

[6]李寿星.高校学生教育管理创新研究[M].北京:化学工业出版社,2022.

[7]聂娟.高校学生管理的艺术[M].长春:吉林出版集团股份有限公司,2022.

[8]戚鹏,范中启.高校突发事件应急管理实务[M].北京:应急管理出版社,2022.

[9]程宇欢.高校教育供给侧改革与人才培养模式创新[M].北京:中国纺织出版社,2022.

[10]李志,陈培峰.大学生创新素质培养与训练[M].重庆:重庆大学出版社,2022.

[11]胡好.应用型人才非专业素质的体验式培养研究[M].合肥:安徽大学出版社,2022.

[12]刘洪超.劳动教育与综合素质培养[M].北京:中国农业大学出版社,2022.

[13]詹黔江,彭静.新编职业教育人文素质培养与拓展[M].成都:西南交通大学出版社,2021.

[14]周非,周璨萍,黄雄平.教育教学管理与素质培养研究[M].长春:吉林人民出版社,2021.

[15]程智勇.大学生创新创业素质培养与能力提升[M].成都:西南交通大学出版社,2021.

[16]杨婷婷.教育理论与学生素质培养[M].长春:吉林文史出版社,2021.

[17]李晓雯.高校教育管理的理论探索与探究[M].长春:吉林人民出版社,2021.

[18]卢保娣.大数据时代高校教育管理及其信息化建设[M].长春:吉林大学出版社,2021.

[19]洪剑锋,屈先蓉,杨芳.互联网时代下高校教育管理与评价创新[M].延吉:延边大学出版社,2021.

[20]刘鑫军,孙亚东.互联网时代高校教育管理模式改革与实践研究[M].长春:吉林人民出版社,2021.

[21]刘思延.高校教育教学管理实践与创新发展[M].哈尔滨:哈尔滨出版社,2021.

[22]姚丹,孙洪波.高校教育信息化管理与学生管理工作[M].北京:中国纺织出版社,2021.

[23]梁丽肖.教育信息化背景下高校管理机制探究[M].长春:吉林人民出版社,2021.

[24]赵莉莉,赵玉莹,严婕.新形势下高校人才管理及素质教育创新研究[M].延吉:延边大学出版社,2021.

[25]刘萍萍,何莹.现代高校教育教学管理现状与创新发展[M].北京:中

国原子能出版社,2021.

[26]王炳堃.高校大学生管理教育与校园文化建设[M].长春:吉林出版集团股份有限公司,2021.

[27]赵建平,马国亮.现代高校教育管理内容体系创新研究[M].长春:吉林出版集团股份有限公司,2021.

[28]覃柳云.高校教育教学管理研究[M].长春:吉林出版集团股份有限公司,2021.

[29]周芸.高校教育教学管理模式创新研究[M].北京:中国财政经济出版社,2021.

[30]张雯雯.高校教育教学管理艺术与创新发展[M].长春:吉林教育出版社,2021.

[31]道靖.高校教育教学管理理论与实践[M].长春:吉林教育出版社,2021.

[32]王明磊.高校教育教学管理艺术与实践探索[M].长春:吉林教育出版社,2021.

[33]王慧.现代教育理念下的高校教育教学管理研究[M].北京:化学工业出版社,2021.

[34]焦明江.高校大学生教育管理工作创新研究[M].长春:吉林教育出版社,2021.